(...) A morte física não é o fim. É pura mudança de capítulo no livro da evolução e do aperfeiçoamento. Ao seu influxo, ninguém deve esperar soluções finais e definitivas, quando sabemos que cem anos de atividade no mundo representam uma fração relativamente curta de tempo para qualquer edificação na vida eterna. (...).

"Missionários da Luz"
Introdução – Espírito André Luiz,
médium Francisco Cândido Xavier – Ed. FEB.

FICHA CATALOGRÁFICA

(Preparada na Editora)

G12n Gagete, Lourdes Carolina, 1942-
      Nas asas do passado / Lourdes Carolina Gagete.
      Araras, SP, IDE, 1ª edição, 2016.
      320 p.
      ISBN 978-85-7341-689-3
      1. Romance 2. Espiritismo I. Título.
                                        CDD-869.935
                                             -133.9
      Índices para catálogo sistemático

      1. Romance: Século 21: Literatura brasileira 869.935
      2. Espiritismo 133.9

NAS ASAS DO PASSADO

ISBN 978-85-7341-689-3
1ª edição - julho/2016

Copyright © 2016,
Instituto de Difusão Espírita - IDE

Conselho Editorial:
Hércio Marcos Cintra Arantes
Doralice Scanavini Volk
Orson Peter Carrara
Wilson Frungilo Júnior

Coordenação:
Jairo Lorenzeti

Revisão de texto:
Mariana Frungilo Paraluppi

Capa:
César França de Oliveira

Diagramação:
Maria Isabel Estéfano Rissi

INSTITUTO DE DIFUSÃO ESPÍRITA - IDE
Av. Otto Barreto, 1067 - Cx. Postal 110
CEP 13600-970 - Araras/SP - Brasil
Fone (19) 3543-2400
CNPJ 44.220.101/0001-43
Inscrição Estadual 182.010.405.118
www.ideeditora.com.br
editorial@ideeditora.com.br

Todos os direitos reservados. Nenhuma parte desta publicação pode ser reproduzida, armazenada ou transmitida, total ou parcialmente, por quaisquer métodos ou processos, sem autorização do detentor do copyright.

Lourdes Carolina Gagete

NAS ASAS DO PASSADO

Romance Espírita

ide

Sumário

PRIMEIRA PARTE

1 - Tempos de trevas 11
2 - O assassinato 21
3 - O Conde Jean Louis 31
4 - Pesadelo na noite de núpcias 45
5 - A camponesa Martine 53
6 - Na masmorra 61
7 - O desespero de Martine 67
8 - Os porquês são explicados 81
9 - O plano da Condessa 87
10 - Tombo providencial 93
11 - A revelação 103
12 - Ecos do passado 117
13 - Renascendo no Brasil 127

SEGUNDA PARTE

14 - O acidente 137
15 - Hospitalizado 145
16 - Premonição 161
17 - A aflição dos pais 177
18 - A morte nunca avisa 183
19 - Atitude inconveniente 195
20 - Os ovoides 217
21 - Audiência na delegacia 245
22 - Acássio é condenado 249
23 - Caridade pratica-se em qualquer lugar . 257
24 - A prisão dos viciados 263
25 - A obsessão continua 281
26 - Um amor para Acássio 295
27 - Consertando os erros 303
Epílogo - O retorno do passado 311

PRIMEIRA PARTE

Capítulo 1

Tempos de trevas

O CASTELO FICAVA NO ALTO DE UMA MONTANHA, NA região de Narbonne, situada no sudoeste da França. Majestoso; açoitado quase sempre pelo vento, era destaque naquela região. Do seu lado esquerdo, um precipício que se findava no mar. Este, rugindo como um dragão furioso, debatia-se nas pedras, levantando a água espumante e, depois, voltando ao seu vaivém incansável. Do seu lado direito, terras a perder de vista, onde servos trabalhavam para ganhar o pão de cada dia. A frente e os fundos eram protegidos por um fosso profundo. A ponte levadiça era fiscalizada constantemente, principalmente em tempos de guerra.

Desde que se consorciaram, em meados da Idade Média, o suserano Duque Édouard e sua esposa ali residiam. Conceberam uma única filha, Lorraine, cuja educação estragaram com muito mimo e permissividade.

Prevalecia, nesse período, a relação de vassalagem e suserania. A vida para os pobres vassalos era constituída quase que exclusivamente de obrigações. Não tinham direito algum e os deveres eram múltiplos. A obediência que deviam ao dono da terra, os suseranos, fazia-os marionetes sem vontade própria, e outra saída não havia senão trabalhar e obedecer.

Nessa época, a Igreja Católica predominava política e religiosamente. De três classes era constituída a sociedade medieval: Clero, Nobreza, Artesãos e Servos. A voz do Clero era inquestionável e a educação era fundamentada nos dogmas da Igreja, detentora do saber e dos poucos livros existentes. O acesso a esses livros somente era permitido aos membros da Igreja e ficavam confinados nas bibliotecas daquela instituição. De qualquer forma, poucos sabiam ler.

Era a Igreja que ditava as regras, muitas vezes até para a realeza. Também o Clero possuía terras e servos, e parte dos clérigos desviou sua atenção às ilusões do mundo, de tal forma que incorporou os hábitos, interesses, relações, valores e costumes dos homens comuns, afastando-se das origens doutrinárias e religiosas.

Os senhores feudais, condes, duques, cavaleiros, a nobreza, enfim, obedeciam à Igreja por medo de excomunhão. Foi a época obscura da venda de indulgências[1]. Crimes nefandos, praticados por vingança ou interesses políticos, eram muitas vezes perdoados até mesmo antes de serem praticados, desde que o autor pudesse pagar pela sua absolvição. Assim, o exemplo, a humildade do Cristo Jesus, Sua pureza, Seu amor a Deus e ao próximo, tudo foi ignorado pela ganância, pelo desejo de poder, pela conquista de bens materiais, que têm sido a pedra de tropeço da humanidade até os dias atuais.

Essa mácula inserida na história religiosa da humanidade retrata uma realidade que, ainda hoje, não foi totalmente extinta, ou seja, a crença de que doações materiais, gestos altruístas, porém sem amor, por exibicionismo apenas, assegurarão um lugar no Céu; que a Lei de Ação e Reação "fechará seus olhos" e esquecerá seus deslizes a peso de ouro.

A caridade será sempre válida, mas, se for praticada apenas para demonstrar falsa magnanimidade ou para obter o perdão de algum erro, valerá bem pouco, atestando apenas a ignorância de como se processam as Leis Divinas.

---

[1] O comércio de indulgências ou a venda de indulgências refere-se a abusos cometidos na concessão de indulgências por membros da Igreja Católica. Os primeiros registros remontam aproximadamente ao século XIII, persistindo até o XVI.

Em tal clima obscuro vamos encontrar o Duque Édouard, austero e orgulhoso. Sua esposa vivia encarcerada no castelo e não se dignava nem a falar com os vassalos. A pequena Lorraine era relegada à criadagem e crescia sem o cultivo dos valores espirituais. O Duque satisfazia-lhe todos os caprichos, embora quase nunca lhe dirigisse a palavra, de tal forma que Lorraine crescia como um bichinho do mato. Desde cedo, revelara um caráter orgulhoso e sentia prazer em praticar pequenas maldades aos servos. Quando atingiu a juventude, mostrou-se ainda mais orgulhosa, pois a beleza a fazia notada e admirada por todos.

Lorraine foi crescendo, tendo Pierre por professor, um monge bondoso que lhe ministrava educação religiosa. Obrigava-a a decorar salmos e passagens bíblicas, o que muito a intimidava, pois Pierre pintava com cores vivas o inferno para onde iriam os pecadores. À noite, a menina sonhava com aquele Deus vingativo e acordava gritando que Belzebu a havia jogado num poço de águas ferventes. Quando narrava isso ao professor, ele não a consolava, antes citava as passagens mais tenebrosas do Velho Testamento:

– Preste atenção, minha menina. Aqui está: Êxodo 7-12. Veja como Deus foi mais forte e mostrou sua superioridade ao deus pagão. Como o faraó do Egito não quis libertar o povo hebreu da escravidão, Moisés, a mando de Deus, lançou as dez pragas que quase dizimaram o Egito.

Sob o olhar assustadiço de Lorraine, comentou cada uma daquelas pragas. Deteve-se com visível alegria na matança dos primogênitos das famílias egípcias e na contaminação do Rio Nilo, que se transformou em sangue, matando muitos peixes.

Nesse dia, a menina chorou:

– Mãe... Deus não vai fazer isso aqui, vai?

– Não! Deus só faz isso com seus inimigos; com aqueles que se afastam da Igreja.

É claro que a menina não poderia sequer vislumbrar a gritante incoerência e falta de lógica dessa "bondade" divina. Como entender justiça e imparcialidade em um Deus que não as tem? Que faz diferenças entre seus filhos... Que faz uso de meios tão mesquinhos a fim de beneficiar um povo em detrimento de outro... Pode-se conceber um Deus tão irascível e vingativo? Um Deus tão humano? Que manda desgraças, mata inocentes, polui rios? Um Deus tão impiedoso, que não titubeou em afogar centenas de soldados egípcios que estavam apenas cumprindo as ordens do Faraó? E não foi o próprio Moisés quem recebeu a lousa com os 10 mandamentos no Monte Sinai? E nesses mandamentos de Deus, não está bem claro o "não matar"? Como compatibilizar isso com os crimes atribuídos a Ele? Como esse Deus, que ordena não matar, pôde ter dado ordens e poderes para que seu enviado assassinasse crianças inocentes? Precisa-se de muita visão para ver tal incoerência? Infelizmente, ainda hoje, há quem acredite em ira divina.

Enquanto os livros ditos sagrados não forem lidos e analisados com bom senso, separando a alegoria da mensagem real, a humanidade não passará da idade infantil e mais materialista se fará. Há que saber separar os absurdos, as inserções equivocadas que foram atribuídas a Deus nos relatos bíblicos, por conveniência; por interesses mesquinhos.

Lorraine passou a temer aquele Deus. No seu quarto, à noite, as palavras do monge lhe voltaram, assustadoras. Chamou a mãe e lhe fez perguntas:

– Mamãe, é verdade que Deus pode mandar matar? Estou com muito medo!

– Os padres dizem que sim. Mas eu acho que não. O monge Pierre está lhe dando lições sobre o Velho Testamento?

– Estamos estudando o Velho Testamento

pela manhã e, à tarde, o Novo Testamento, o que fala de Jesus. Gosto mais desse. Mas os monges, os padres, falam com Deus?

A Duquesa deu um riso de mofa:

– Minha filha... não se preocupe tanto com o que o monge lhe fala. Quando eu era criança, também tive muito medo de Deus, mas agora sei que Ele é piedoso, que nos ama e não quer a nossa infelicidade. Agora durma e tenha lindos sonhos.

Lorraine sentou-se na cama:

– Mas... e Jesus?

– Que tem Jesus?

– O monge Pierre disse que ele é Deus... Quantos Deuses temos, então? E se Jesus foi Deus, então como puderam matá-lo?

– Hoje você está questionadora, minha filha! Mas a Igreja entende que Jesus é Deus. Na verdade, acho que há muita confusão. Deus é um só... Se tivesse mais de um, então Ele não seria único. Eu entendo que Jesus foi um santo que Deus mandou para a Terra.

Nem a Igreja, nem a mãe e sua filha tinham maturidade espiritual para entender que Jesus não é Deus; que Deus é único, eterno, imutável, onisciente, onipresente, a inteligência suprema e causa primeira de todas as coisas. Que tudo o mais é Sua criação, inclusive Seu filho Jesus, que Ele mandou ao mundo **não** para nos livrar do pecado, mas para nos esclarecer e nos **dar condições** de nos livrarmos do pecado. Pecado com significado de erro, claro. Para nos livrar dos erros oriundos de nossa incipiência espiritual. Somente com o Espiritismo, que estava ainda muito longe de nascer, viriam mais amplas informações. Mas, mesmo assim, ainda falta muito para entendermos Deus.

O guia espiritual de Lorraine espalmou as mãos sobre a cabeça da Duquesa, que teve um arrepio e disse quase que automaticamente:

– Minha filha, as leis de Moisés foram um tanto modificadas com o nascimento de Jesus...

– Mamãe, o que são leis?

– Leis são como regras que nos impõem. Como por exemplo: seu pai impõe aqui as regras que ele acha certas. Todos os nossos vassalos obedecem às regras, que são leis para eles. Do mesmo modo, nós temos de obedecer às ordens reais, as do Clero e as de seu pai. Entendeu?

A menina meneou a cabeça positivamente, e a mãe prosseguiu, sempre inspirada pelo anjo da guarda da filha:

– Depois que Moisés morreu, muito e muito tempo depois, Deus nos enviou Jesus. E Jesus, em vendo que as leis de Moisés eram muito duras e discordantes da bondade de Deus, modificou-as. Somente permaneceram inalteradas as Leis Divinas, promulgadas no Monte Sinai. Jesus apresentou ao mundo um Deus-Pai todo amor e indulgência; que proibia os crimes; que nos recomendava a amarmos uns aos outros e a não fazermos ao próximo o que não queremos para nós mesmos.

Lorraine prestava muita atenção às palavras da mãe. Nunca a vira tão prolixa. Estava feliz porque ela, contrariando seus hábitos, estava orientando-a.

Então, o Espírito retirou as mãos de sobre a cabeça da Duquesa, e ela se calou.

A senhora beijou a filha e saiu. Não era uma pessoa esclarecida e tampouco conhecedora da Bíblia, mas tinha discernimento incomum para aquela época. Na verdade, o guia espiritual de Lorraine estava sempre por perto e, quando necessário, inspirava-a. Infelizmente, era Ellen, uma serva simplória, quem passava a maior parte do tempo com a menina. E por estar muito distanciada da sintonia com o plano espiritual superior, não conseguia captar as orientações no sentido de ser mais útil a si mesma e à pequena.

Quando a mãe se afastou, ela se levantou e foi até a janela. O céu estava pontilhado de estrelas, e ela se lembrou de Deus. Em sua mente, a figura que Ele representava era de um homem descomunal, de olhar severo, barbas longas e brancas, e que estava sentado em um trono olhando a humanidade.

– Deus... Você está aí em cima? Posso Lhe falar? Jesus também está aí no Céu com você? O monge Pierre me contou que pregaram Seu filho numa cruz. Deve ter doído muito! Quero Lhe contar que às vezes eu brigo com Ellen, embora ela seja tão boazinha para mim. Também, outro dia, joguei água quente no filho do jardineiro. Por que fiz isso? Ele me olhou feio. Disse que não gostava de mim. Não devo mais fazer isso? Prometo que vou me afastar dessa gente, Deus, mas não mande ninguém me pregar em uma cruz, viu? Vou falar pro papai dar mais dinheiro para a Igreja. Assim... estou perdoada? Estou? Que bom. Amém.

Rápido passou o tempo e fez de Lorraine uma bela adolescente.

Capítulo 2

O *assassinato*

OLIVIER ERA UM SERVO. MORAVA COM OS PAIS num casebre simples, bem longe dali, mas prestava serviços no castelo. Sabia que o amor que sentia por Lorraine era impossível, mas mesmo assim, sempre que podia, ficava a olhá-la, embevecido. Ela percebia, zombava dele e nada fazia para dissuadi-lo, ao contrário, procurava sempre mostrar-se e nunca deixava aquele amor impossível esmorecer. Vez ou outra, costumava passear pelo pátio interno do castelo. Ali se reuniam os cavaleiros de seu pai e era onde os servos dormiam, amontoados em um canto. Rústicas tábuas separavam esse "dormitório" do pátio. Suas camas, um amontoado de palhas úmidas que recendiam a urina. No inverno, acendiam o grande fogão central, no qual toras roliças em constantes labaredas produziam calor.

Quando queria rever Olivier, embora afirmasse que o desprezava, Lorraine corria a esse pátio. Ao vê-la, ele sorria timidamente enquanto ela se afastava com expressão zangada. Havia satisfeito seu ego. Nenhum remorso por maltratar assim o pobre servo enamorado. Depois iria à missa e se confessaria. Levaria um bom dízimo e seus pecados estariam perdoados. Era assim que a educavam. Exceto algum esclarecimento mais racional vindo da mãe, enchiam-lhe a cabeça com inverdades e hipocrisia.

Na adolescência, por ordem dos pais, Lorraine fora terminantemente proibida de conversar com os servos e de se aproximar dos cavaleiros. Mas, na ausência do Duque, sempre dava um jeito de passar pelo pátio e estimular a paixão de Olivier. A Duquesa fazia vistas grossas, pois não tinha a menor vocação para mãe e tampouco educá-la como convinha a uma jovem de tal estirpe.

Lorraine foi crescendo com a alma cheia de conceitos errôneos e preconceitos religiosos ministrados pelo monge que, todavia, fazia-o por ignorância de outros conhecimentos. Era a verdade que ele conhecia e repassava à discípula.

A menina acreditava ser diferente dos servos e, por isso, protegida de Deus. O monge Pierre reforçava tal inverdade. Obrigava-a a decorar salmos e passagens bíblicas, o que muito a desgostava. Crescia a olhos vistos, dona agora de uma beleza invulgar, e fazia questão de ostentar tal beleza no grande pátio, que sempre regurgitava de gente, e onde sabia que encontraria Olivier. Também tomava ciência das novidades contadas pelos cavaleiros de seu pai, ouvia as fofocas das servas e ainda aprendia com Ellen a tecer mantos para quando o inverno chegasse.

Naquele dia, estava mais linda do que nunca. Os olhos do jovem vassalo estavam sempre postos nela.

– Lorraine, não sei se você notou, mas Olivier a devora com os olhos. Parece um faminto perto de uma caça assada – comentou Ellen.

Risos.

– E olha que ele não é nada feio! – complementou ainda Ellen.

– Bem sei. O pobre diabo acha que tem alguma chance comigo. Idiota. Pretensioso – e retribuiu o olhar amoroso do servo com desdém.

Olivier jurava que se tornaria um cavaleiro importante e haveria de conquistá-la. Era pobre, mas, mesmo assim, ousava sonhar. Enquanto não podia ter Lorraine, distraía-se com Ellen, mas sofria muito pela amada, pois acreditava que ela também se encontrava apaixonada por ele.

※※※

Uma nuvem de poeira se elevava na linha do poente. O cavaleiro Syman de Bérgamo estava coberto de poeira e faminto, pois só comera um pedaço de galinha defumada e bebera um copo de água morna. E já a tarde ia avançada.

Um servo do castelo veio recepcioná-lo e cuidar do seu cavalo. Tinha o cavaleiro um belo porte: alto, cabelos lisos e castanhos, olhos de um azul profundo e fartas sobrancelhas. Pertencia a uma família rica, dona de muitas terras. Era, ainda, prepotente e rixento. Depois de banhado e alimentado, foi apresentado ao Duque Édouard. Syman viera recomendado pelo Clero e deveria compor a guarda pessoal do Duque por algum tempo.

– Meus respeitos, Duque Édouard.

– Meu rapaz... espero que você não me decepcione. Deixe-me ver sua espada.

E Syman a retirou da cintura, apresentando-a.

– Esta espada pertencia a um cavaleiro morto

por mim em uma batalha. Matei-o com sua própria espada – e riu, esperando os aplausos do Duque.

– Muito boa. Mas mande confeccionar outra; é bom ter uma de reserva. Temos aqui um excelente ferreiro.

– Farei conforme vossas ordens, senhor.

– Tem combatido muito no exército do nosso rei?

– Ahn... sim. O rei aprecia meu desempenho. Quando estou à frente da batalha, infeliz daquele que cruzar meu caminho! Mando-o ao inferno antes do tempo.

– Sei disso. Por isso pedi a ajuda de Dom Olegário para instar junto a ele por sua vinda.

– Foi um custo ele permitir que eu viesse, mas, quando é o Bispo quem pede, ele não recusa. O Bispo tem argumentos imbatíveis.

– O Bispo me deve muitos favores. Mas vamos ao que interessa: amanhã mesmo, iremos visitar alguns servos. Quero ver de perto se é verdade que estão construindo um moinho e por que estão tão atrasados com os impostos. Essa corja não toma jeito.

Estavam conversando quando Lorraine apareceu. Dissimulada, ia passar ao largo, quando o pai a chamou:

— Minha filha, este é Syman, novo cavaleiro da minha guarda particular.

Lorraine se impressionou com o jovem. O mesmo aconteceu com ele.

O Duque Édouard percebeu os olhares trocados por eles. A filha já estava em idade de se casar, e, se realmente aquele cavaleiro estivesse à altura, ele não se oporia ao casamento. O fato de o jovem ser protegido do rei e herdeiro de muitas terras produtivas muito influiu nessa decisão. E ele saberia usar sua influência junto ao Clero para conseguir uma boa posição para o virtual genro.

Syman, ainda deslumbrado com a beleza de Lorraine, afastou-se com o Duque em direção aos casebres dos vassalos. Estes, ao verem o senhor, tremeram. Quando o suserano aparecia, era desgraça na certa.

— Quero saber por que os impostos estão atrasados — disse a um dos chefes de família, pai de Olivier.

— É que... senhor, a chuva intensa e prolongada...

— Não quero desculpas. Vou esperar até a semana que vem e, se não pagarem o que me devem, eu os expulsarei daqui. Vagabundos! Qualquer pingo d'água é motivo para ficarem em casa dormindo.

O pobre vassalo ia argumentar, mas o Duque e Syman já invadiam seu quintal em direção ao rio. Queriam se certificar de que ali não havia sido construído nenhum moinho, pois que isso lhes era proibido. Somente o senhor feudal e a Igreja podiam possuí-los. Os vassalos deveriam pagar uma taxa para moerem seus grãos.

Camuflado pela mata, realmente um moinho estava sendo construído. Olivier estava ali trabalhando quando o suserano chegou.

– Malditos todos vocês! Como ousam contrariar a lei? Acaso não sabem da proibição? – disse furioso o Duque. E, ato contínuo, deu ordens para Syman destruir o moinho. Olivier, enlouquecido, arrojou-se contra o cavaleiro na tentativa de impedi-lo.

Então, Syman lhe enterrou a espada no peito. Depois, lavou-a nas águas do rio.

Vultos negros aplaudiam. Eram pobres Espíritos desencarnados que vadiavam por ali, alienados e infelizes. Quais parasitas de almas, não conheciam outra vida.

As energias do sangue a borbulhar eram sugadas vorazmente pela turbamulta, que se locupletava com elas. Eram verdadeiros vampiros. Em pouco tempo, mais entidades foram se aproximando, sendo rechaçadas pelas primeiras. Uma verdadeira luta pelos fluidos vitais do recém-desencarnado travou-se ali.

O crime foi aplaudido pelo Duque Édouard. Syman, trêmulo e perturbado, já se arrependia do feito, porém, não podia reverter a situação e não pensou mais no ato covarde e desumano. Fizera boa figura ao duque. Só isso importava.

A família de Olivier foi expulsa daquele feudo. Pouco tempo depois, a mãe morria de desgosto.

Após tais acontecimentos, o cavaleiro Syman retornava aos serviços reais e, um dia, tendo salvado a vida de um nobre, ganhou mais terras e o título de Conde, por intervenção do nobre junto ao rei.

Agora poderia voltar ao castelo do Duque Édouard e se casar com a bela Lorraine. Estava à sua altura e faria dela a Condessa de Bérgamo. Assim foi. O duque Édouard promoveu uma grande festa, na qual a nobreza compareceu com seus agrados aos noivos.

Syman e Lorraine foram felizes por pouco

tempo. Quando ela engravidou, teve problemas e veio a falecer juntamente com a criança. Em verdade, os dois foram o tempo todo obsidiados pelo Espírito Olivier, que não perdoou Syman por sua morte, e tampouco a Lorraine por ter desprezado seu amor e se unido a seu assassino. "Onde estiver o devedor, aí também estará o credor" – ensinou-nos Jesus.

O jovem Conde Syman, viúvo e desgostoso da vida, procurou nas batalhas a morte. Padeceu no umbral juntamente com Olivier, que não pôde exercer sua vingança como era sua vontade. O sofrimento de Syman não lhe serviu para modificar o caráter bélico. As transformações da alma levam algum tempo para se consubstanciarem. É bem verdade que só muito sofrimento consegue dobrar a serviz do orgulhoso.

Depois de algum tempo, todo o grupo de envolvidos se encontrava no mundo espiritual. Colhia cada qual a sua lavoura. De espinhos para muitos, porque foi isso que plantaram. Tal é a Lei. A cada um segundo seus atos, como temos aprendido no ensino cristão.

Novamente, as reencarnações para o acerto de contas se fizeram, pois a evolução é lei natural à qual estamos todos submetidos. Tal acerto é inevitável.

Lorraine, após muito sofrimento, conseguiu algum progresso espiritual. Desde sua prematura desencarnação, na existência em que fora a volúvel e arrebatadora filha do duque Édouard, que ela procurou aprender a ser mais cristã. Assim, conseguiu um pouco de entendimento espiritual, porém, como na parábola do semeador, a semente do bem germinara entre as pedras e em pouca terra, dificultando o aprofundamento das raízes. Mas já era um progresso. Não fosse a bondade do Criador, que nos favorece com múltiplas reencarnações, não teríamos como adquirir sabedoria e santidade para, um dia, nos religarmos a Ele. Até hoje, Suas leis não são integralmente compreendidas e vivenciadas, proliferando o mal na humanidade.

Capítulo 3

O Conde Jean Louis

O CASTELO ERA O MESMO QUE, NO PASSADO, ABRIgara o Duque Édouard, sua esposa e a filha Lorraine. Um século depois, mostrava-se ainda uma fortaleza. Apenas as pedras mais escurecidas pelo limo e as árvores com seus troncos engrossados e nodosos mostravam o passar do tempo. Nas fendas de algumas paredes, plantas se agitavam ao vento constante. No lugar do moinho destruído, havia sido colocada uma rústica cruz em homenagem ao vassalo ali assassinado, e uma história era contada no feudo: "Foi bem aqui – diziam – que um cavaleiro, no passado, penetrou com sua espada o corpo de um infeliz vassalo apenas porque ele estava construindo um moinho particular".

Afirmavam que, durante muito tempo, sempre

ao escurecer, ouviam-se o grito de dor do servo e as gargalhadas do seu assassino. Muitos juravam ser verdade e poucos tinham coragem de ir até lá, principalmente à noite.

A crendice popular declarou aquele lugar amaldiçoado. Ninguém ali permanecia após o Sol ter-se recolhido.

Agora pertencia ao Conde Jean Louis[2], que ali residia com a esposa Louise e dois filhos. Fora ele o vassalo da história que virara lenda e que, naquela existência distante, sucumbira assassinado pelo cavaleiro Syman sob os olhares complacentes do Duque Édouard, seu senhor feudal. Agora, os papéis se invertiam. Era ele o atual suserano, Conde Jean Louis.

Apesar de muito ter sofrido, fora o causador de muitos sofrimentos, pois se deixara envolver pelo ódio e perseguira sem piedade seus desafetos, principalmente seu assassino. Deveu-se a ele a morte prematura de Lorraine e seu bebê, e a do Conde Syman, em virtude de perseguição obsessiva.

Na Espiritualidade, já estavam programadas as reencarnações de Syman e de Lorraine, que já agora nutria um sentimento de ternura pelo antigo

---

[2] Reencarnação do vassalo Olivier (N.A.)

vassalo assassinado. Seria uma reencarnação expiatória, consequência da Lei de Ação e Reação, que torna os reencontros inevitáveis.

Em nossas inúmeras existências, vamos vivendo diversas situações para nosso crescimento espiritual e reequilíbrio com a Lei desrespeitada. Justo que assim seja. Não entendam como castigo, mas sim como recurso educacional. Por essa razão foi que Jesus ensinou: "AMA A DEUS SOBRE TODAS AS COISAS E O PRÓXIMO COMO A SI MESMO".

※※※

O Conde Jean Louis não era propriamente um mau suserano. A mãe Filipa, Espírito diferenciado que já despertara para as necessidades espirituais, soubera bem educá-lo, mas os erros cometidos geram um processo expiatório. A volta é tão mais dolorosa quanto mais nos transviamos no caminho. A justiça espera, mas nos alcança em qualquer tempo. O corpo não será o mesmo, mas o Espírito sim, porque é eterno.

O pai de Jean Louis fora também Conde. Morrera em uma batalha, deixando a Condessa Filipa com o filho ainda pequeno. Desde a infância, o menino sofria de insônia. Acordava gritando e empapado de suor. Dizia que seu quarto estava povoado de estranhas sombras. Ouvia choro. Acusações. E sempre se queixava de uma queimação no tórax, na altura do coração. A mãe se levantava e o trazia para sua cama. Orava com ele, que só assim conseguia se acalmar. Durante anos, sofreu por isso, que nada mais era do que o passado de erros decalcado no inconsciente. O pior juiz é a nossa consciência, pois tal juiz jamais esquece e, somente quando a Lei for devidamente cumprida, quando nada mais nos acusar, nos dará a paz almejada. É a coerência e imparcialidade das Leis Divinas. Tratar o justo e o injusto com critérios iguais desestimularia a vivência no bem, pois é sempre mais fácil o caminho do mal.

A Idade Média teve seus méritos, pois grandes descobertas vieram ajudar a humanidade, porém foi uma das mais obscuras em valores espirituais. O suserano era dono da vida dos seus vassalos e podia fazer com eles o que bem entendesse, sem prestar contas a ninguém. Dava-lhes terra e proteção, mas os cobria de obrigações, impostos e humilhações. Uma parte de suas colheitas lhe pertencia e eram obrigados a trabalhar, alguns dias por semana, na lavoura particular do senhor.

O Conde Jean Louis quase não parava em sua propriedade, pois as batalhas eram constantes, o que o obrigava a ter um bom número de cavaleiros guerreiros. Assim, os servos gozavam de relativa paz.

O que ninguém sabia era que ele nutria um desejo secreto por Saray, uma serva de sua propriedade, dona de uma beleza invulgar. Desde que a vira, impressionara-se com seu porte de rainha. Havia algo nela que despertara seu coração virgem de amor, pois, embora casado com a não menos bela Louise, não a amava. Fora um casamento arranjado por interesses particulares de ambas as famílias.

Na verdade, não se poderia chamar aquele sentimento que nutria por Saray de amor. Era simplesmente a luxúria e o desejo de posse. Achava-se Jean Louis, bem como todos os suseranos dessa época, distante da moral, da ética; acima do bem e do mal. O regime político de então lhe dava poder de quase Deus, e a vida dos servos pouco lhe valia.

De certa feita, vistoriava suas terras junto com um de seus cavaleiros, quando cruzou seu caminho a camponesa Saray, o objeto de seu desejo, acompanhada de seu noivo Urbino. Seu coração bateu forte:

– Pelo sangue de Jesus! Que bela mulher! Seria

capaz de uma loucura por ela! – disse ao cavaleiro que o acompanhava.

– Não há, em todo o feudo, alguém mais bonita... Mas o senhor não a conhecia?!

– Não – mentiu o Conde. E rindo: – É uma fêmea espetacular!

Então, os dois se dirigiram a Saray e Urbino, que ficaram amedrontados e mais tímidos ainda. Saray baixou os olhos ante o olhar incendiado do Conde.

– Desde quando você está em minhas terras? – perguntou à serva.

– Desde que nasci, meu senhor.

– Quem são seus pais? – tornou a perguntar.

Sem levantar os olhos, ela lhe respondia às perguntas.

– Levante a cabeça. Não fique aí olhando o chão. Vamos, olhe para mim, estou ordenando. Não sabe que sou seu senhor? Que me deve obediência?

– Senhor Conde... eu... – a voz se lhe amotinava na garganta.

De cima de seu cavalo, o Conde Jean Louis não desgrudava os olhos daquela quase menina. E seu inconsciente trazia-lhe à alma vagas lembranças de um acontecimento do passado espiritual distante. Por alguns segundos, sem nada entender, parecia ver-se na figura de um pobre servo que construía um moinho ilegal e estava apaixonado pela filha do seu suserano. Sangue e maldições. Morte e perseguições. Eram os quadros redivivos em sua acústica espiritual. Naquela existência, Saray fora a serva Ellen, que lhe serviu de passatempo para tentar esquecer a filha volúvel do duque Édouard. Sua presença estimulou o despertar do inconsciente, que jazia encoberto pelo tempo e pela bondade de Deus.

A camponesa tremia, gaguejava e gostaria de poder sumir dali, mas o suserano continuava a olhá-la com insistência. Seu noivo esperava que ele terminasse o interrogatório. Estava com muito medo, mas precisava lhe comunicar o casamento deles, que se daria dali a alguns dias, e pedir sua permissão. Quando o silêncio se fez, e o Conde tencionava partir, ele disse respeitosamente:

– Senhor Conde, aproveito esta ocasião para pedir sua permissão para me casar.

O Conde o olhou, com o coração ainda palpitando pela volta ao passado distante, embora julgasse ser apenas uma trapaça do seu inconsciente.

– Quem é você?

– Sou seu servo Urbino. Devo minha vida ao senhor, que salvou a mim e a minha família da fome.

– E tem cumprido suas obrigações com dedicação?

– Sim, senhor. Começo meu trabalho antes de o nascer do Sol e só volto pra casa com a chegada da noite.

– Então... quer se casar? Pois tem, desde já, meu consentimento. Quero que encha estas terras de novos servos, só assim seu casamento poderá me trazer alguma vantagem.

O noivo fez a reverência habitual e, dando as mãos à noiva, ia se afastando, quando o Conde o chamou:

– Espere. Essa serva é sua irmã?

– Não, senhor. Ela é a minha noiva.

O suserano, contrariado e roído por um sentimento invejoso, quase engasgou. Mas já havia concordado. Sua honra não lhe permitia voltar atrás como era seu desejo.

Estavam os jovens noivos parados. Quietos, com medo de que o Conde pudesse obstar-lhes as pretensões.

O silêncio se prolongava e a queimação no peito, que sempre o incomodava, voltou mais intensa. Por fim, disse:

– Está bem. Casem-se. Para quando está previsto?

– Para daqui a quinze dias. Não marcamos antes porque queríamos pedir sua permissão. Que Deus o abençoe, Conde Jean Louis.

O Conde continuava indeciso. Sentia-se traído. Os devaneios que fazia, à noite, com relação à serva, as carícias libidinosas idealizadas, pareciam-lhe um compromisso assumido entre ambos; compartilhado por ambos. Foi com irritação mal contida que disse:

– Afastem-se. Vão cuidar dos seus afazeres.

Não passou despercebida ao cavaleiro a reação do Conde. Astuto, querendo ganhar seus favores, disse-lhe:

– Desculpe-me, senhor Conde, mas percebi que a camponesa mexeu com seu coração. É linda! Parece um anjo que caiu do céu! Não fosse uma simples camponesa... estivesse vestida decentemente... eu a tomaria por uma rainha.

O Conde ficou vermelho:

– Foi tão evidente assim?

– Foi como ler num livro aberto, senhor.

– O fato é que ela me enfeitiçou! Por que só agora falei com ela se já faz anos que mora em minhas terras? Ando assim tão ausente nos meus domínios?

– É que ela quase não sai de casa. É muito tímida. Não viu como parecia uma corça assustada?

– Logo, logo, ela perderá a timidez... – disse, rindo.

O cavaleiro o observava e se perguntava no que iria dar aquilo. Conhecia muito bem o caráter do suserano e, ainda querendo ser simpático, tornou:

– Ora essa, senhor... Se a quer...

O Conde o interrogou com os olhos, e ele continuou:

– Não sabe que o suserano tem o direito de passar a noite de núpcias com a serva que se casa? Afinal, a vida dos seus vassalos lhe pertence. Só têm casa e comida por generosidade dos senhores donos de feudos.

Uma deliberação absurda garantia ao senhor feudal o direito de passar a primeira noite, a noite de núpcias, com a serva, se esse fosse o desejo dele, pois que era sua propriedade. Muitos não faziam exercer tal direito e o costume ia caindo em desuso. E o cavaleiro, na ânsia de bajular seu suserano, lembrara-lhe do costume cruel.

O Conde arregalou os olhos. Lembrou-se dessa tradição, quase já extinta, e sorriu. Esquecera-se desse costume, até porque nenhuma serva até ali havia despertado nele os instintos carnais. Achava--se superior e, até então, nunca se deitara com nenhuma mulher que julgasse ser inferior. Mas a beleza, a timidez daquela serva, despertara nele algo que adormecera há tempos.

– O noivo não poderá negar a noiva recém-casada ao seu suserano. Deverá sentir-se até orgulhoso – acrescentou o homem com uma gargalhada.

O Conde viu nisso a oportunidade de ter Saray para si nas suas núpcias. Era um direito seu e faria valê-lo, repetia a si mesmo, com grande contentamento.

Uma nuvem escura de espectros sinistros o envolveu. Viam ali uma oportunidade de também realizarem seus desejos impuros. Tais Espíritos, ainda muito densos e ignorantes das Leis Divinas, costumam, até hoje, envolver os encarnados que vibram na mesma sintonia e, numa simbiose perfeita, chegam a sentir as mesmas sensações deles. Isso acontece em relação à bebida, ao sexo, aos instintos criminosos, etc. Nunca estaremos sozinhos no bem. Nunca estaremos sozinhos no mal.

Em "O LIVRO DOS ESPÍRITOS", encontramos:

Pergunta 457: Os Espíritos podem conhecer nossos mais secretos pensamentos?

Resposta: Frequentemente conhecem o que gostaríeis de esconder de vós mesmos. Nem atos, nem pensamentos, podem lhes ser ocultados.

457 a – Assim, é mais fácil esconder uma coisa de uma pessoa viva do que fazer isso a essa mesma pessoa após a morte?

Resposta: Certamente, e, quando acreditais estarem bem escondidos, tendes muitas vezes uma multidão de Espíritos ao vosso lado, que vos veem.

O Conde Jean Louis exultou de felicidade: *"Pois eu a terei primeiro do que o noivo!"* – E sua aura imediatamente se ensombreceu.

– Qual é mesmo o nome dela?

– Saray. Um nome melodioso, não acha, senhor?

– Não é o nome que me interessa...

Risos.

Aquela alma reincidente em erros ainda não aprendera. Carecia de mais sofrimentos para dobrar a cerviz. É aí que a dor cumpre seu papel. O ser humano não consegue evoluir sem tal aguilhão, e Deus a permite porque sabe que ela será a dolorida cirurgia que extirpará o tumor maligno. No caminho tortuoso das ilusões, a dor nos espera de braços abertos.

O Conde esporeou o cavalo e saiu em disparada. Passou por Saray e o noivo e os cobriu de poeira.

Capítulo 4

Pesadelo na noite de núpcias

NAQUELE DIA, A HUMILDE CASA DOS SERVOS URBINO e Saray estava em festa. Era o casamento deles e, desde cedo, a azáfama era intensa. Todos os vassalos da região conheciam os noivos e, naquele dia, levariam, cada um, alguma comida e frutas, para festejarem o enlace.

O Conde mandara dois espiões com a incumbência de avisá-lo assim que os festejos terminassem e os noivos fossem para a casa onde passariam a viver.

Os convidados já retornavam, e os nubentes, felizes, dirigiam-se ao lar recém-formado, quando foram interceptados pelos cavaleiros do suserano. Armados de espadas, exigiram que Urbino lhes entregasse Saray, pois o suserano a queria para si naquela noite. Explicaram ao indignado noivo que aquilo era uma lei antiga, e que, na manhã seguinte, sua esposa lhe seria devolvida.

A noiva empalideceu. Bem que alguma coisa a advertira naquele dia do encontro, quando conhecera de perto o Conde. O coração não a traíra. O suserano haveria de lhe trazer acerbos padecimentos.

Urbino quis protestar, alegando que tal direito não se fazia cumprir há muito tempo, mas os cavaleiros desembainharam a espada e o ameaçaram de morte:

– Como ousa desrespeitar vosso suserano? Acaso não sabe que lhe deve obediência irrestrita? Que a miserável vida de vocês lhe pertence? Que ele nada mais faz senão exercer os seus direitos de suserano? Principalmente você, Urbino, a quem ele salvou da miséria, deve-lhe respeito e consideração.

– Mas... – gaguejava o noivo, sem encontrar palavras para dizer de sua revolta.

– Nem mais uma palavra. Se não obedecer por bem, obedecerá por mal. Escolha. Quer ser expulso? Ou morto? Veja que nada lucrará com sua rebeldia. E ainda deixará a bela viúva para o Conde.

Risos.

Saray chorava. Esperara com impaciência o dia dos esponsais a fim de poder amar totalmente o já agora marido querido. E agora... quanta vergonha a esperava!

Sem mais argumentos, o cavaleiro puxou Saray, montando-a na garupa de seu cavalo e partindo incontinênti sob as vistas do aturdido marido.

Com um pouco de pena, o cavaleiro que ficara vigiando o jovem marido para que ele não seguisse no encalço da esposa, disse-lhe.

– Conforme-se. Amanhã a traremos de volta. Isso é um costume antigo, você sabe. Não adianta se rebelar, senão será morto. E morto facilitará tudo para o Conde.

Foi a noite mais terrível de Urbino. Não conseguiu dormir imaginando sua amada Saray submetida aos caprichos do Conde. Odiou-o. Mas nada pôde fazer. Não tinha a quem recorrer. Estavam todos ali nas mãos daquele homem.

E a noite que deveria ser a mais linda de sua vida transformou-se na mais horrível humilhação. Sentiu-se o pior dos vermes. Questionou-se sobre a diversidade da sorte. Por que tal discriminação? Suserano e dono ao lado de vassalos escravos?

No meio da noite, não conseguindo dormir, foi à igreja falar com o padre. A escuridão foi sua companheira nos degraus da igreja até o amanhecer do dia, quando o padre o atendeu:

— Padre... Vim me desabafar — e lhe contou a desgraça que se lhe abatera no dia em que deveria ser o mais feliz de sua vida. O padre, o mesmo que os casara, ouviu-o e lamentou-se, lembrando-se de que, desde muito tempo, ninguém mais fazia uso de tal direito.

— Que quer que eu faça? Ele tem realmente tal direito...

— Padre, pode me ajudar?

— Mas agora? Agora ele já fez o que tinha de fazer...

— Padre, o senhor não pode excomungá-lo?

O padre pensou. Estava sinceramente com pena do infeliz.

— Não posso fazer isso. Só se ele atentasse contra os interesses da Igreja, senão, ele poderia recorrer ao Bispo, e eu seria daqui afastado. E isso, na melhor das hipóteses, pois seria bem provável que eu nem visse a luz do dia seguinte. Lembre-se de que ele e o Bispo são amigos.

– Mas... ele não mataria um padre. Sabe que isso atrairia má sorte.

– Conheço sobejamente o Conde Jean Louis. Ele não apareceria em cena, claro. Mandaria um de seus cavaleiros... E o Bispo fingiria nada saber.

– Mas será que algum cavaleiro enfrentaria a maldição de má sorte? Matar um representante de Deus... – e se persignou.

– Qualquer um se dobra ao peso do ouro. Qualquer consciência se acomoda. E depois de tudo consumado, ainda ao peso do ouro, o Bispo pediria a Deus sua absolvição. De consciência tranquila, ele iria gozar de muito prestígio junto ao Conde.

Foi então que Urbino renegou a tão falada Justiça Divina. De alma avinagrada, pensou: existirá mesmo esse Deus? Amará de igual modo o rico e o pobre? O humilde e o orgulhoso? O suserano e o vassalo?

Então, virou as costas ao padre e fugiu dali sem sequer se despedir.

No dia seguinte, à tarde, Saray foi devolvida. Tinha os olhos inchados de chorar. Abraçou seu marido e jogou-se na cama. Estava abatida e indisposta. O marido procurou-a, mas ela estava acabrunhada demais para o amor. Urbino compreendeu seus escrúpulos e a deixou em paz. Uma raiva surda fazia seu coração bater descompassado e cheio de revolta.

Na manhã seguinte, ela estava febril. Não quis se alimentar e chorava com frequência. Urbino a consolou, mostrando muita preocupação. E a antipatia que sempre nutrira pelo seu suserano transformara-se em um ódio que carregaria por muito tempo.

Alguns dias durou a enfermidade de Saray. Urbino quedara-se num mutismo angustiante para ambos. A noite de núpcias somente foi realizada muitos dias após o nefasto acontecimento, mas o prazer diluiu-se entre o ódio e a revolta.

Um mês depois, Saray conheceu os enjoos da gravidez. Urbino ficou radiante pela perspectiva de ser pai, enquanto Saray ficou reticente. Uma dúvida se lhe aflorou: *"Será esta criança filho de Urbino? Ou será filho do Conde? Oh, meu Deus, não permita que isso aconteça. Será mais um golpe para Urbino. Maldito Conde!".*

Saray nada falou ao marido sobre suas suspeitas. Tentaria esquecer.

O tempo passou e também passaram as lembranças mais amaras. Ao final dos nove meses, nasceu uma menina de invulgar beleza. Recebeu o nome Martine. Foi educada com muito amor, embora a dúvida da mãe quanto ao verdadeiro pai viesse vez ou outra tisnar sua felicidade.

Urbino, se alguma dúvida alimentasse quanto a isso, jamais comentou com Saray. Amou a pequena desde o primeiro instante.

Capítulo 5

A camponesa Martine

À MEDIDA QUE CRESCIA, MARTINE SE REVELAVA ainda mais bonita. Tal qual a mãe quando tinha a sua idade, era a camponesa mais linda e admirada de então, despertando a paixão nos rapazes.

Saray sempre a examinava a fim de ver se via nela os traços do Conde Jean Louis. Como, pela convivência, a menina adquirira os mesmos trejeitos de Urbino, a vida lhe concedia o beneplácito da dúvida.

Mas um fato aconteceu que tirou todas as incertezas de Saray: Martine já era adolescente e ela nunca mais havia engravidado. O marido revelou-se estéril.

Martine estava noiva de Stéphan, que morria de amores por ela. Desde que se conheceram, ambos sentiram que já eram almas afins. Já estavam compromissados apesar de Martine ter apenas catorze anos, e ele, dezoito. Eram pobres servos. Experimentariam, na atual existência, a dor e a luta dos oprimidos. A luta contínua pela evolução. De nada adianta a rebeldia contra as Leis Divinas. De nada adianta recalcitrar contra os reveses da vida. Guardamos, na intimidade da alma, as consequências dos erros do passado, como também, inconscientemente, a necessidade de ganhar altura espiritual. Ação e Reação são realidades incontestáveis, e a violação da Lei já traz em si mesma as consequências, dispensando qualquer outra prova incriminatória. Três caminhos se abrem às nossas possibilidades: o do bem, o do mal e o da inércia ou indiferença (que, diga-se, não deixa de ser um mal). Quando optamos pelo bem, estamos no caminho mais curto para a religação com nosso Pai Criador e, consequentemente, da paz; da felicidade. Quando optamos pelo mal, entregamo-nos aos braços da dor, do desespero e, para nos livrarmos do torvelinho das reencarnações dolorosas, muitas lágrimas haveremos de verter. Finalmente, quando nos amolentamos na inércia, na preguiça de sair do lugar e avançar, ficaremos sozinhos a ver o tempo escorrer pelos vãos dos dedos. E, quando acordamos, aqueles que tanto amamos já poderão estar muito distanciados de nós. A solidão será nossa companheira e, em vão, clamaremos pelos afetos antigos. Quem não avança fica para trás. Quem avança, mesmo com sofrimentos, encontrará, lá na frente, afetos caros ao coração.

Um dia, o Conde Jean Louis, então com trinta e nove anos, botou os olhos em Martine e sentiu acordar o antigo amor que dormitava. Notou sua semelhança com Saray. Relembrou aquela noite, há catorze anos. Jamais sentira remorso pelo que fizera. Na semana seguinte, partira para uma guerra, onde permaneceu por muitos meses. Quando voltou, nem mais se lembrava da infeliz camponesa e de seu marido Urbino.

Sua mãe, Filipa, desencarnara havia muitos anos, mas, mesmo assim, da Espiritualidade, seguia seus passos. Foi com pesar que percebeu as intenções do filho e o advertiu:

"Filho do meu coração, que queres fazer de tua vida? Já não te basta a desgraça que proporcionaste a Urbino, requestando-lhe a esposa no dia de seu casamento? Muito já não te pesam as culpas do mau procedimento do pretérito? Pensas que passarás incólume diante da Lei?"

O Conde se lembrou da mãe. O quanto ela o havia amado naqueles anos... Lembrou-se das noites indormidas que ela passara à sua cabeceira, orando com ele, reconfortando-o.

Algumas lágrimas se lhe afloraram aos olhos. Nunca fora realmente feliz. Tinha a sensação de que sempre lhe faltava alguma coisa e que ele não sabia o que era, ou onde buscar. Era dono de muitas terras; possuía vários vassalos que obedeciam às suas ordens justas ou injustas; uma bela esposa e dois filhos. Sua mesa sempre fora farta de caça, frutas e pães. Mas, desde que a mãe se fora, não conhecera mais nenhum momento de paz.

Era bem jovem quando se casou com Louise. Foi um casamento sem amor, por interesses de ambas as famílias. Dois filhos vieram alegrar aquele castelo, mas, mesmo com eles, o Conde era econômico no amor. Vezes sem conta, sonhava que matava, a golpes de espada, uma mulher e seu esposo. Depois, chorava sobre o corpo sem vida daquela que amava. Tentava, a todo custo, trazê-la de volta à vida, mas eram inúteis tais tentativas. Eram as lembranças de quando obsidiara Lorraine e Syman, levando-os à desencarnação bem como ao filho que ela gestava. Sua mente, idealizando a desencarnação provocada por sua revolta no passado distante, criara um símbolo que era, ao mesmo tempo, uma realidade: ele não os matara, pois que estava desencarnado à época, mas, através de um processo obsessivo, contribuíra para levar à morte mãe e filho. Também era o responsável pela morte de Syman, que, desgostoso com a perda da esposa e do filho tão esperado, fora para a guerra e se deixara matar.

Apesar de ter levado à morte os dois responsáveis por sua infelicidade, o servo Olivier ainda não estava satisfeito. A falta do perdão, o ódio, também unem as criaturas. E Olivier não mais teve paz. Vagou muito tempo pelo umbral. Depois de algumas décadas, reencarnou para a quitação das contas.

Se o umbral lhe proporcionou dores cruciais, e a consciência, como juiz implacável, sempre o perseguiu, a nova existência também não estava lhe trazendo a desejada paz à alma. Acordava nauseado e aflito. Sentia que sombras escuras o envolviam constantemente. Era aquele o mesmo castelo onde a tragédia da existência passada se consumara. Nem bem o dia amanhecia, ele descia ao rio. Um novo moinho lá estava. Servos moendo seus grãos. De repente, a visão que sempre se repetia: um corpo caído. Sangue colorindo as águas... A espada perfurando um corpo franzino. Um homem que se rebolcava na lama, gemendo e amaldiçoando antes que a morte o calasse para sempre. *"Quem será este que morreu aqui? Teria sido eu? Sinto como se fosse eu! Mas que tolice... morre-se apenas uma vez...".*

Tolice é julgar que se morre apenas uma vez. Morre-se sempre que se tem um corpo material, pois só o Espírito é eterno. Haverá de sempre morrer a vestimenta do Espírito, pois que tal vestimenta é mortal, mas nós jamais morreremos, pois somos imortais como nosso Pai o é. Somos aquela centelha de luz que, um dia, foi projetada no espaço cósmico pela mente do Criador. Nosso destino: progredir sempre. Evoluir para voltar a Ele glorificado e identificado como Seu filho. E nosso entendimento, nossa boa vontade, nossa aceitação, facilitarão o retorno, enquanto a incompreensão, a inércia improdutiva, a rebeldia inútil às Leis Naturais, manter-nos-ão atolados nos pântanos das dores.

Enquanto Filipa estava encarnada, sempre o consolava. Aconselhava-o. Exortava-o para que ele mudasse seu gênio violento e muitas vezes cruel para com os vassalos. No momento, jurava que se tornaria melhor, mas sempre voltava a cometer os mesmos erros. Raramente dava atenção à esposa, que começou a agasalhar uma revolta muda, atraindo mais perturbações espirituais ao lar. Da mesma forma, não conseguia ser um pai amoroso para os filhos. Era demasiadamente severo. Os filhos respeitavam-no por medo e não por amor.

Erros constantemente repetidos tornam-se automáticos; reflexos condicionados; instintivos. Os condicionamentos nos levam a caminhar pelos mesmos caminhos já percorridos. Então, cometemos sempre os mesmos desacertos, sedimentando--os ainda mais dentro de nós. Há de se ter muita determinação no bem para arrancar com raiz as ervas daninhas que nos levam à infelicidade. Mas, ai de nós! Apegamo-nos em demasia à materialidade, esquecendo-nos de que nossa essência é divina; que estamos apenas de passagem obrigatória por aqui, mas que, um dia, retornaremos à nossa verdadeira pátria.

O Conde Jean Louis estava sempre reincidindo nos erros, principalmente no da luxúria. A beleza feminina exercia nele uma força tamanha que ele não conseguia vencer. Nosso pior inimigo somos nós mesmos. Quando aprendermos a nos vencer, teremos liquidado nosso maior inimigo.

Capítulo 6

Na masmorra

– SOCORRO... SOCORRO... ALGUÉM ME AJUDE! Um grito ecoou pela imensa galeria onde se localizava a masmorra. Martine estava ali aprisionada havia cinco dias. O pão estava endurecido, e a água, morna. Uma vez por dia, o suserano Jean Louis ia visitá-la. Por algum incompreendido motivo, não queria possuí-la à força. Esperava que ela compreendesse o que chamava de sua obrigação de serva.

Martine crescia muito amada e feliz junto aos seus, até o momento em que o suserano lhe botara os olhos. Não trabalhava nos rudes serviços, mais apropriados aos homens, mas cuidava da horta do Conde, a quem temia e desprezava. Seus pais notavam, contristados, os olhares lascivos de Jean Louis sobre a filha, mas dependiam dele para viver e nada podiam fazer. Era uma época de fome, de escassos trabalhos; e se saíssem dali morreriam de fome ou seriam assassinados pelo suserano.

Cansado de fazer a corte sem nenhum resultado, Jean Louis resolveu levar a camponesa para dentro do castelo, pois assim ela estaria mais à mão. Aos pais dela, dissera que sua esposa precisava de uma serviçal para seu serviço particular.

Lágrimas incontidas molharam o rosto da pobre mãe, que bem sabia o que realmente o suserano queria. Temia que o pior acontecesse, pois já agora tinha certeza de que o pai de sua filha era mesmo ele. Todavia se calava. Amava seu marido Urbino e jamais lhe daria tal desgosto. Ademais, tinha receio de que, se soubesse que era o pai, o Conde a roubasse deles. Amava aquela filha e não saberia viver longe dela. Urbino também a amava, embora vez ou outra a dúvida o assaltasse, pois havia – pensava – a possibilidade de Saray ter regressado grávida do castelo do Conde. Nunca teve coragem de falar com a esposa a esse respeito. Era humilhante demais, e ele queria esquecer.

Toda a vassalagem lamentou a sorte de Martine, mas nada pôde fazer em seu favor. O noivo Stéphan jurou que, um dia, mataria o Conde. Odiava-o com todas as forças da alma. De igual forma, o Conde também nutria por ele o mesmo sentimento. As marcas do passado ainda não haviam se apagado em nenhum dos lados. Stéphan, vez ou outra, via-se cravando uma espada no peito do Conde. Acordava feliz e ao mesmo tempo decepcionado por ter sido apenas um sonho. O servo desesperou-se ao saber que a noiva fora raptada e presa na masmorra do castelo. Esbravejou e amaldiçoou o Conde, rogando-lhe maldições sobre maldições. O ódio adormecido acordava com a fúria de mil demônios. Saray, sua futura sogra, aterrorizada, pois bem conhecia o mal que habitava o Conde, repreendeu-o:

– Stéphan! Que ninguém ouça o que você está dizendo. Estaremos perdidos se alguém ouvir... Será nossa sentença de morte! Ou fome até morrer! – mas os ouvidos de Stéphan estavam surdos a qualquer advertência.

– Desgraçado! Será que Deus existe? Como pode ver o que os senhores impiedosos, esses malditos suseranos, fazem e não fulminá-los com um raio? Hei de matá-lo! Hei de matá-lo! Cravarei uma espada no seu coração!

– Cale-se, Stéphan! – tornou Saray.

– Nunca! Nunca vou me conformar com isso!
– Terá de ir à igreja! O que acaba de dizer é uma blasfêmia! Vá se confessar imediatamente, antes que o demônio o leve pro inferno! – e se persignou.

Não entender como se processa a Justiça Divina é, até hoje, um fator gerador de materialistas. No passado remoto, o povo se deixava conduzir pela Igreja e nada questionava, até mesmo porque, quem o fizesse era excomungado, acusado de heresia.

Stéphan não podia compreender o Deus que a Igreja lhe apresentava. Como harmonizar tantas diferenças, aceitar tantos privilégios indevidos? Como admitir que todos eram Seus filhos quando encontrava disparidades em toda a parte? Injustiças berrantes? E por que Deus nomeou representantes Dele na Terra? Precisava Ele da ajuda de seres tão mesquinhos, que também exploravam os mais necessitados e se associavam aos poderosos?

Stéphan meditava sobre as razões de Deus e, sem chegar a nenhuma conclusão, perdia-se na revolta e na indecisão. Temia o Clero. Temia os bispos, os padres e os monges. Não confiava neles. Era inteligente e, na intimidade da alma, sentia que aquilo que lhes acontecia deveria ter uma explicação coerente. Que os assassinos, ladrões e desrespeitadores de lares teriam um dia de pagar caro por suas iniquidades. Mas tudo se lhe embaraçava na mente, e ele não sabia o que pensar. Assim, continuava frequentando a igreja e doando alguma moeda sem muito valor.

Como acontecia ao Conde Jean Louis, também vez ou outra se abria para Stéphan uma janela para o passado remoto: Via-se todo poderoso na figura de um cavaleiro impiedoso. Um moinho em construção... um homem caído... morto! A água tinta de sangue. Não compreendia o porquê daqueles estranhos pensamentos, mas, de repente, lembrava-se do Conde. Então, tinha certeza de que tais pensamentos eram lembranças estranhamente decalcadas na mente. Algo se passara entre ambos, dizia-lhe a intuição. Quando? Onde? Eram perguntas que sempre ficavam sem resposta.

A esposa do Conde Jean Louis era também bela. Sofria ao notar aquela deficiência de caráter do esposo, mas, da única vez que tentara exprobrar-lhe o procedimento, fora repreendida com severidade. A partir de então, passou a nutrir uma revolta que azedava seus dias. Da camponesa, objeto da paixão do esposo, passou a nutrir ódio, embora soubesse que a ainda menina era inocente e mais uma vítima do Conde.

O Sol poente incidia sua luz sobre a torre do castelo, enquanto que, na masmorra, a escuridão amedrontava. Sobre um colchão de palhas, Martine chorava sua desdita. Às vezes, amaldiçoava o Conde, mas era religiosa e logo se arrependia, deixando a Deus a punição de seu algoz.

Jean Louis havia chegado com alguns cavaleiros de sua guarda pessoal. Riam e contavam anedotas, indiferentes à dor que cercava quase todos dali. Seu primeiro pensamento foi para a jovem prisioneira. Aquela obsessão não o abandonara durante toda a viagem. A alma teria identificado a amada da existência distante? Não atropelemos a narrativa. Prossigamos.

Os cavalos estavam cansados e suados, pois o Conde, na pressa de chegar e rever a camponesa, não os poupara.

Capítulo 7

O desespero de Martine

EM UM EXTENSO CORREDOR, TERMINANDO EM pesada porta de madeira maciça, localizava-se a masmorra. Ainda, por precaução, uma porta de barras de ferro isolava a cela do ambiente externo. Dias nasciam... Dias morriam...

O grito de Martine ecoava pelos corredores, mas nunca ninguém dali se aproximava. Desalentada, quase sem forças, ela suplicava a Deus para que a morte viesse livrá-la de tal sofrimento, pois não poderia suportar a vida depois de tanta humilhação. *"Meu Pai... que triste destino me destes"* – dizia enquanto os soluços lhe sacudiam o peito.

O destino até hoje é incompreendido. Deus não seria o Pai Misericordioso se atribuísse a cada ser um destino aleatório. Se destino, como fatalidade ou determinismo, existisse, ele teria sido criado por nós mesmos. Deus não no-lo dá indiscriminadamente, mas obedecendo às nossas ações presentes ou passadas. "A cada um será dado segundo suas obras" – sentenciou Jesus.

Nenhuma prece fica sem resposta. Apesar de pecadores, a Justiça Divina sempre nos socorre. Martine, após o desabafo, sentiu-se mais serena. Espíritos do Senhor a visitaram e a acalmaram: *"Martine, guarde sua paz. Confie. Não deseje o mal ao seu agressor, pois tudo aquilo que desejamos ao próximo volta a nós"* – ouvia nos tímpanos espirituais.

Depois da troca de banalidades, Jean Louis despachou seus cavaleiros. Tirou a roupa mais pesada, lavou o rosto e as mãos. Um sorriso cínico se lhe insinuou e ele se dirigiu à masmorra.

A esposa Louise, sem que ele visse, seguiu-o até certo ponto, mas não teve coragem suficiente para continuar, pois conhecia sobejamente a truculência do marido. Chorosa, recolheu-se aos seus aposentos. Tentou orar, mas tudo que conseguiu sentir foi uma revolta muda.

Chamou sua criada de quarto:

– Alinora, quero que você vá até a masmorra e procure ouvir o que a camponesa e meu marido falam. Depois, relate-me tudo. E que a criadagem nada saiba da vergonha que estou sentindo. Seja discreta.

O orgulho ferido é uma das dores mais incomodativas da alma.

– Mas... senhora... se o senhor Conde me pegar nem quero pensar no que me acontecerá. Ultimamente, ele está mais violento... Desculpe-me, mas a senhora sabe... E, depois, o que poderei ouvir através daquela porta pesada?

– Não me desobedeça, Alinora, ou mandarei você de volta ao campo. Quero ver se gostará de trabalhar de sol a sol no serviço da agricultura.

– Por favor, senhora! Não me mande de volta. Sou muito franzina para tal trabalho e sou feliz aqui.

– Então, obedeça-me. Agora vá. E preste atenção para me contar depois.

A serviçal obedeceu. Desceu ao subterrâneo e tateou pelas paredes, pois a claridade era insuficiente, e o archote na parede fazia sombras assustadoras.

Parou, de repente, ao ouvir a voz do suserano, pois a porta estava aberta a fim de entrar um pouco de claridade. Via-se que estava alterado:

– Martine, Martine, ainda continua a desobedecer ao seu suserano? Olha que minha paciência se esgota. Essa brincadeira já está indo longe demais e serei obrigado a forçá-la. Não sabe que me deve obediência? Que tenho você e seus familiares em minhas mãos?

— Senhor... tenha piedade! Tire-me daqui que enlouqueço!

— Só sairá daqui se, espontaneamente, ceder ao que quero. Não gostaria de possuí-la pela força, mas a paciência se me esgota. Quem pensa que é? Deveria estar feliz pelo meu amor e, no entanto, sofre?!

— Por piedade... Vou me casar... Meu noivo e meus pais devem estar aflitos. Liberte-me em nome de Deus!

Jean Louis, ao ouvir a súplica de Martine, mais endureceu seu coração. O antigo amor obsessivo da existência anterior voltou com força total, e ele viu ali, sem nem mesmo compreender, a Lorraine que zombara de seu amor. Chegou a admitir, com alegria, que Deus colocara alguém muito especial no seu caminho, pois que já era hora de ser feliz com alguém que realmente amava.

— Em nome de Deus? Pois saiba que Ele me protege.

— Senhor! Não blasfeme!

– Todos me devem obediência. Sou dono da vida de vocês! Posso deixar que todos morram de fome! Ou expulsá-los como a cães famintos. Foi Deus quem me deu esse poder! Deus! Está me ouvindo?!

Sem perceber, apertava o pescoço da prisioneira, enquanto a cela se enchia de Espíritos de feições medonhas, exortando-o à violência. Lembrando-se das advertências da mãe desencarnada, como um louco enfurecido, empurrou-a. – Poderia matá-la se quisesse – mas tal pensamento trouxe-lhe mais angústia à alma atormentada.

Martine, cuja fraqueza já lhe minara as energias, tombou, batendo o rosto nas frias pedras do piso.

Jean Louis assustou-se. Por alguns segundos, julgou que ela morrera. Blasfemando, levantou-lhe o rosto: – *Como é linda! Nem as privações do cárcere conseguem enfeá-la. Qualquer dia a terei, por bem ou por mal* – pensou.

Alinora, escondida e protegida pela escuridão, tinha muita pena da camponesa, mas o medo de ser surpreendida espionando era maior, e afastou-se o mais possível da masmorra. Agora tratava de aguçar os ouvidos para relatar à Louise.

Foi, então, que o suserano acendeu um archote. A luz tapizou o chão do calabouço e o corredor externo. Alinora se escondeu atrás de uma pilastra de pedra e tremeu só de pensar que poderia ser descoberta.

A porta de madeira maciça permaneceu aberta para ventilar o ambiente. Alinora ouviu o ferrolho correr pela segunda porta. Por entre as barras de ferro, ainda pôde ver a expressão animalesca no rosto do Conde. Afastou-se silenciosamente. O nervosismo amargando-lhe a boca. Sua senhora a aguardava. Um rictus de ódio a lhe desfigurar o belo rosto.

– Então... então... O que se passou lá?

– Senhora, não gostaria de lhe falar, a senhora vai sofrer à toa.

– Isso não é de sua conta. Vamos logo, conte-me de uma vez.

– Pude ouvir alguma coisa... Pobre moça!

– E o que ouviu? Fale de uma vez, serva inútil!

Alinora já estava habituada a ser maltratada por Louise, que descarregava nela todas as suas frustrações. Também já se acostumara e sabia que a Condessa parecia ser má, mas, no fundo, era uma sofredora nas mãos do esposo.

– O Conde estava querendo convencer a pobre camponesa... Estava forçando-a a se entregar a ele.

– Malditos.

– Malditos?! A pobre não tem culpa! Não quer nada com ele e disse que é noiva. Suplicou a sua liberdade! O Conde...

– Cale-se. Não pedi a sua opinião.

Na intimidade da alma, Louise culpava Martine por sua beleza. Também ela era bela, mas, ao lado da camponesa, sua beleza ficava ofuscada.

– E que mais?

– Depois, saí de meu esconderijo, pois o Conde fechou a porta e não pude ver ou ouvir mais nada. Então regressei, para contar o que vi e ouvi.

Vejamos o que se passara no plano espiritual:

Desde bem antes de Martine ir para o castelo, que Etelvina, o Espírito que lhe fora avó e que a protegia, estava atenta em relação às atitudes de Jean Louis. Já pedira ajuda aos seus superiores, pois que ela não possuía, ainda, aquisições espirituais para poder agir caso as coisas se complicassem. Agora, estava ali e ouvira toda a conversa entre o suserano Jean Louis e a camponesa aprisionada. Percebeu que uma corja de Espíritos infelizes soprava obscenidades ao ouvido do Conde. Porque estivesse conectado com o mal, ele pôde ouvi-los e agradou-se com as sugestões ouvidas.

A chama crepitava e a fuligem enegrecia ainda mais a parede, mas a luz era insuficiente para o infeliz contemplar toda a beleza da prisioneira e, então, intentou levá-la para um quarto onde teriam mais luz e conforto. Ademais, seu orgulho impedia que a possuísse no estado de inconsciência. Jurava a si mesmo que haveria de dobrá-la; que ela ainda lhe pediria, por favor, para ser amada por ele.

Enquanto isso, Etelvina tomava providências. Dali a instantes, uma entidade luminosa surgiu no calabouço. Os Espíritos ignaros e maldosos nada viram ou sentiram, continuando na algazarra sinistra.

– Filho de minha alma! O que fazes de tua vida? Para isso te coloquei no mundo?

O suserano teve leve estremecimento. Viu-se pequeno novamente e lembrou-se da mãe. *"Mãe... é a senhora, minha mãe, quem me fala?"* – não ouvia pelos sentidos da matéria, mas com a própria alma, pois era médium auditivo e vidente. De repente, perdeu o apetite carnal.

Quem assim o admoestava era Filipa, sua mãe, desencarnada há muitos anos. Sofria porque sabia que tudo o que lhe ensinara, no sentido de se lhe desenvolver um caráter digno, não fora assimilado por ele. Em parte, por culpa exclusiva do pai, que o mimava em demasia por ser ele o único varão de uma numerosa família. Assim, o que a mãe lhe ensinava de dia, o pai tratava de mudar à noite. Agora, a pedido de Etelvina, ali estava para tentar baldar a intenção do filho. Entre amorosa e enérgica, o Espírito Filipa continuou:

– Não sabes, filho querido, que tudo volta a nós? Que olhos invisíveis nos espreitam noite e dia? Que a justiça divina tem mil braços e mil olhos?

Jean Louis teve dificuldade para ouvir e não assimilava muito do que a mãe desencarnada lhe dizia, pois estava plenamente desequilibrado, não se interessando por nada que não fosse sua paixão desvairada pela serva. Então, o corpo espiritual de Filipa se tornou mais denso, quase materializado, e tornou:

– Filho... Detenha-te enquanto ainda há tempo. Teu futuro será de dores se continuares a praticar o mal; a fazer conúbio com as trevas... Lembra-te, filho amado, das lições de moral que eu te ensinei na infância e na adolescência. Dignifica-te a fim de que tua esposa e teus filhos te dignifiquem também e honrem tua memória quando daqui tu partires. Cedo ou tarde, temos de dar contas ao Senhor da Vida de nossos atos. Nada será esquecido e tu verterás muitas lágrimas por teus atos insanos.

Agora, sim, Jean Louis pôde ouvi-la. A escória espiritual retirou-se em desabalada carreira, porque também percebera aquela presença luminosa.

O suserano voltou a se concentrar na mãe e sensibilizou-se. Atendendo àquele apelo materno, recordou as lições de moral que ela lhe ministrara. Sempre fora religiosa. A Igreja – embora seus deficientes sacerdotes – imprimira-lhe na alma noções de responsabilidade e amor, que tratou de passar aos filhos, principalmente a Jean Louis, que, desde pequeno, já se mostrava de gênio dominador.

Jean Louis, em silêncio e comovido, esfregou vigorosamente o punho da prisioneira desmaiada. Deu tapinhas em seu rosto para acordá-la. Em vão. Martine parecia morta. Então, carregou-a para o quarto e a colocou, ainda inconsciente, sobre a cama. A imagem da mãe ainda em sua lembrança. Pegou água de uma ânfora e borrifou o rosto de Martine. Etelvina, que amparava a neta do passado, tornou-a ao corpo desmaiado quando percebeu que o suserano não atentaria contra a tutelada. Por enquanto, o perigo havia passado.

E a mãe desencarnada continuou:

– Jean Louis, dá novo rumo à vida. Tua lavoura de espinho cresce dia a dia, filho! Devolve essa moça à família. Louise também sofre. Todos sofrem. Teus filhos anotam o exemplo que lhes dá e seguirão pelo caminho do mal, tal qual veem tu fazeres. E serás o responsável pela desdita deles, que haverão de te amaldiçoar pela educação deficitária. E nada mais desagrada a Deus do que pais que falham na orientação devida àqueles que, primeiro, são filhos Dele, para só depois serem nossos.

Enquanto o Conde se postava passivo às orientações maternas, Martine, estremunhada, voltava à consciência, relembrando o que se passara e surpreendendo-se por estar ali naquele quarto. Surpreendeu-se mais ainda quando seu suserano saiu de cabeça baixa, sem molestá-la ou dirigir-lhe a palavra.

O Espírito Filipa estendeu as luminosas mãos sobre ela, que adormeceu. Em corpo perispiritual, planou, acima do corpo físico, sem conseguir compreender o que estava se passando.

Filipa a tomou pelas mãos e, juntamente com Etelvina, volitaram por sobre as torres do castelo. Pararam em um recanto aprazível. Martine estava confusa, mas, lentamente, foi recordando-se da masmorra e do seu suserano. Lágrimas incontidas se lhe escorriam pelo rosto. Lembrou-se do noivo e uma revolta muda transfigurou-lhe as feições. Filipa reconfortou-a:

— Martine, não deixes que a revolta e o ódio empanem o amor e a fraternidade que devemos aos nossos devedores. Lembra-te, minha filha, de que ele também já foi tua vítima em um passado não tão remoto; que já o incentivaste na paixão que ele tem por ti. Querias tê-lo aos teus pés só para satisfazer teu orgulho. Ignoraste a dor do coração dele e ficaste indiferente quando teu pretendente o matou no moinho. Desde então, tu e teu noivo estão ligados a ele, que julga ter direitos sobre ti. Nossos erros são amarras a nos ligar até que tudo venha a se harmonizar.

A camponesa forcejava a mente para se lembrar de tais acontecimentos enquanto Filipa continuava:

— Modifica as disposições íntimas e luta a boa luta, aquela que não avilta, mas que redime. Todos nós ainda tremermos ante nosso passado. A vida não acaba no sepulcro, assim como não começa no berço. Não existem inocentes em processo de sofrimento.

— Mas eu nada fiz de errado que mereça tal punição. Sempre fui boa filha e temente a Deus. Por que estou sendo punida? Nada me lembro do que a senhora falou... de uma morte... de um moinho...

— Não estás sendo punida, recolhes simplesmente o que plantaste, pois estiveste lavorando em erro durante muito tempo. Plantaste espinhos e colhes espinhos. A dor que ora experimentas é resultante de tuas ações nas existências passadas; da prevalência do mal que alimentaste... A justiça divina nos encontra onde quer que estejamos.

– Não me lembro. Desespero-me ao pensar em minha família, em meu noivo, que deve estar revoltado e tecendo vinganças. Tenho medo do que possa lhe acontecer por querer enfrentar o Conde...

– Tudo se ajeitará. Não estás sozinha nesta luta, minha filha. Nós estaremos contigo e te ampararemos. Confiemos em Deus, que jamais erra.

A moça chorava.

Filipa sentou-a em uma elevação do terreno, sobre grama verdejante, e aplicou-lhe recursos magnéticos. Pediu a Etelvina que orasse junto com ela e, depois de algum tempo, Martine se aquietou.

– Estás melhor agora? Vamos fazer uma regressão ao teu passado para entenderes que a justiça educativa nos encontra sempre; para saber que não sofremos por capricho de Deus.

A camponesa se dispôs a colaborar. Também estava aflita por deslindar aquele mistério.

Capítulo 8

Os porquês são explicados

O RADIANTE ESPÍRITO CONCENTROU-SE. UMA TELA fluídica estendeu-se diante de Martine:

– Vejo! Meu Deus, o que está acontecendo?

– Diga-nos o que vê, minha filha – pediu Etelvina enquanto Filipa se mantinha em silêncio e parecia ausente. Na verdade, trabalhava na manutenção da tela, que parecia adquirir vida. Martine continuou:

– Eu e Syman estávamos felizes no nosso amor. Vejo também que, antes disso, Olivier também me amava, e eu me encarregava, por pura vaidade, de fazê-lo me amar e sofrer sempre mais. Eu o desprezava, pois ele era um simples vassalo. Meu pai é o Duque Édouard. Mas... não entendo... Stéphan se chamava Syman e são bem diferentes.

Vejo Olivier dirigindo-se ao rio. Oh, meu Deus! O meu apaixonado servo... ah, não pode ser! Deus! Ele é o mesmo Conde Jean Louis de forma diferente! Agora está se afastando em direção ao rio. Chega a um moinho em construção num trecho do rio bem escondido no meio do mato. Percebo que ele olha desconfiado para os lados antes de começar a trabalhar no moinho. Syman... meu Deus... outro não é senão meu atual noivo Stéphan! Ele sorri e debocha do servo. Syman, ou Stéphan... Deus do céu! Meu pai, o Duque Édouard, vê Syman matar Olivier e o elogia pela bravura. Vejo agora sangue e um corpo estirado, metade dentro da água, que se tinge de vermelho, metade no barro. Syman me conta o que aconteceu... Julga-se um herói por isso! Eu não tive a menor pena do meu apaixonado vassalo. Deus! Sinto-me banal e traiçoeira.

Martine silenciou. As cenas voltaram como se tivessem vida própria.

– Santo Cristo! O que é isso agora? Não pode ser!

– Preste atenção, menina. Aprenda de vez que sempre recolheremos nossa lavoura. Você já tem idade espiritual para entender melhor as leis naturais, que são também chamadas de Leis Divinas – diz-lhe Etelvina.

– Os papéis se inverteram...

– Sim. Haveremos sempre de experimentar a dor que causarmos ao próximo.

O desespero tomou conta de Martine:

– Meu Pai, por que caminhos tenho andado?! Quantos erros, que ainda ignoro, terei cometido? O que me esperará lá na frente? Como pude ser tão inconsequente com o pobre Olivier? E ele me amava. Retribuí seu amor com escárnio e preconceito...

– Acalme-se, Martine. Amanhã estará melhor e poderá entender o que está se passando com você – disse-lhe Etelvina.

Martine prorrompeu em choro desesperador. Filipa havia encerrado o *flashback* e a socorreu com recursos magnéticos. Então, ela se acalmou e foi reconduzida ao corpo, para logo acordar. Aquelas imagens dolorosas ficariam decalcadas em seus registros mnemônicos, e, todas as vezes que se sentisse injustiçada, lembrar-se-ia desse "sonho", pois, apesar de não ter ideia alguma sobre os princípios das reencarnações, haveria de imaginar algo parecido, tendo em vista a clareza da experiência.

"Devo me confessar e perguntar ao padre Bernard o que significa tal sonho. Foi real demais! Tenho quase certeza de que já vivi, que era doidivanas e que já me consorciei com Stéphan em outro tempo... Meu Deus! Diz-me o inconsciente que pouco desfrutei o meu amor com Syman... que fomos perseguidos por esse tal de Olivier e que perdemos nosso filho antes de ele nascer! Em que mistérios estamos envolvidos? Seremos marionetes do destino?" – questionava-se Martine.

Pela bondade do Criador, um véu é lançado sobre nosso passado. Crimes são temporariamente esquecidos a fim de que possamos adquirir forças para corrigi-los; fazer novamente; retificar condutas e, finalmente, trazer o inimigo transformado em amigo para dentro do coração, pois que ninguém está livre de errar.

Já amanhecia, e ela não mais conseguiu conciliar o sono. As cenas ainda a faziam estremecer. Encarar a verdade nem sempre é fácil, e compreender a Justiça Divina liberta-nos das dores. Levantou-se e se ajoelhou:

"Meu Pai criador, agora sei por que estou sofrendo tanto, embora não me lembre de ter cometido nenhum erro que justifique tamanha dor. Acabo de saber que não há equívoco algum e que a justiça sempre será feita. Ajuda-me. Fortalece-me a fé. Não permitas que o Conde me tire a honra.

Amo meu noivo e vamos nos casar em breve, se o senhor assim o permitir. Perdoe-me, Pai amado, pelo passado trevoso. Quando puder, irei me confessar e tomarei a hóstia sagrada. Então estarei com Tua divina presença em meu corpo. Não me desampares. Amém."

Depois da prece, sentiu-se bem melhor. Filipa e Etelvina ajudaram-na a se lembrar do sonho. Era importante que ela não se sentisse injustiçada, mas que compreendesse a divina orquestra e seu maestro, que jamais acrescenta uma nota desnecessária de dor no pentagrama de nossa existência.

Capítulo 9

O plano da Condessa

POR ALGUNS DIAS, MARTINE ESTIVERA LIVRE DA perseguição do Conde Jean Louis, pois este viajara com os cavaleiros de sua guarda particular a fim de participar de uma comemoração. Aproveitaria a viagem para mandar confeccionar um brasão para colocar à entrada do seu castelo. Era orgulhoso. Ao partir, recomendara à serva de sua inteira confiança que tomasse conta de Martine e que não a deixasse fugir. Sua vida dependia de encontrar a amada sã e salva à espera dele. A serva compreendeu e passou a ser a sombra de Martine. A Condessa Louise esperava uma oportunidade para vê-la a sós e talvez ajudá-la a fugir. Via-a de longe, não podendo, entretanto, sondar mais detalhadamente seus traços fisionômicos. Mesmo a distância, impressionava-se com a beleza da jovem. Então, a inveja lhe picava a alma.

A serva Alinora entrou no quarto:

– Martine... Está precisando de alguma coisa?

– Estou precisando sair daqui. Morro um pouco a cada dia!

– Qualquer uma ficaria feliz com a atenção do Senhor Conde. Você é bem tola mesmo. Não sabe tirar proveito de uma situação que lhe é favorável.

– Você não sabe o que diz, Alinora.

A serva, com um gesto de contrariedade, insistiu:

– Por que tanta tristeza? Tantas lágrimas? Tire partido desse amor doentio dele por você. Quem sabe ele não a cubra de joias e roupas caras... Veja, você é uma simples camponesa... Acorde, criatura! Pense que poderá dar uma reviravolta no seu destino! Você é uma desmiolada... Não entendo...

– Cale-se, por favor! Como pode pensar de forma tão leviana?

– Ahn... Como pode jogar fora uma oportunidade assim?! Perdeu o juízo?

Martine levantou a cabeça e, altiva, respondeu:

– Não sou objeto de venda! Tampouco quero usurpar o lugar da Condessa! O senhor Conde não tem o direito de humilhá-la tanto assim, e também a mim.

– Você é ainda muito criança. Quantos anos? Catorze? Quinze? Mal conhece a vida, menina! E nossa Condessa não merece tanta consideração assim. Pensa que ela gosta de você? Que gosta de alguém? Ela só tolera, nem sei se ama, os próprios filhos.

– Estou noiva de Stéphan e o amo! Ele deve estar desesperado! – e novas lágrimas lhe desceram rosto abaixo.

– Você conhece perfeitamente as regras do jogo: devemos obediência ao Conde. Ele nos dá a terra para plantarmos e assim não morremos de fome. Ele nos protege contra salteadores e assassinos que espreitam nossas casas. E ele tem lá os seus direitos.

– Entendo... mas não me conformo. Não é justo!

– Ora... Neste mundo, não há justiça para o pobre. Fale com seu confessor, o padre Bernard, quem sabe ele aconselha você a ser mais condescendente e aceitar sua sorte. Aceitar e agradecer, pois não é todo dia que um suserano se interessa por uma serva. Por que ele não se apaixonou por mim? Olha que sou quase tão bonita quanto você!

– Sua tola. Não sabe o que diz... Poderei falar com o padre Bernard? – um brilho de esperança iluminou seus olhos. Quem sabe poderia fugir e retornar para sua casa. O padre Bernard era bom. Poderia ajudá-la. *"Senhor, meu Pai Criador... ajude-me, que também sou sua filha"*.

– Vou falar com a Condessa. Se ela permitir, chamo o padre.

– Não. Vamos nós duas à igreja. A Condessa não se oporá, tenho certeza. A cavalo não levam duas horas.

– Não pense que sou tão estúpida para cair nessa, Martine. É claro que não vou me arriscar a sair com você nem até a ponte levadiça. Tenho amor à minha pele. Se você me escapa, serei esfolada viva pelo Conde. Aquilo é o belzebu quando está zangado.

– Juro que não vou fugir. Vamos. Ajude-me, Alinora.

– Você é bem tola se acha que farei tal asneira! Agora chega.

– Então, por favor, mande chamar o padre.

– Falarei com a Condessa, e ela mandará algum servo trazê-lo. Agora sossegue.

Louise consentiu e aproveitou o momento

para falar com Martine. Era bom que o padre viesse, pois falaria com ele no sentido de botar algum juízo na cabeça do marido. Sentia-se humilhada por ter sido preterida por uma serva.

– Deixe-nos a sós, Alinora.

A serva saiu, mas ficou à espreita. Era sua vida que estava em jogo, e já conhecia sobejamente o gênio violento do seu senhor.

Raiva. Revolta. Humilhação. Tudo a um só tempo fazia o coração da Condessa disparar.

Martine se encolheu e baixou os olhos. A Condessa levantou seu queixo e pôde contemplar toda a sua beleza. Por que uma simples serva haveria de ser tão bela a ponto de lhe enfeitiçar o esposo?

Um rebuliço dentro do coração. Notou a semelhança dela com o Conde e se lembrou de que ele requisitara a mãe dela, Saray, na noite de núpcias. *"Será que o cego do meu marido ainda não percebeu a semelhança que há entre essa serva e ele? Nunca teria lhe passado pela cabeça que ela poderia ser sua filha?"*. Lembrou-se também de que foi depois daquele episódio que conheceu o ódio.

– Diga alguma coisa, Martine.

– Senhora... eu não tenho culpa. O senhor Conde... – desmanchou-se em lágrimas.

A Condessa sentiu-se condoída. Amorosa, mesmo. Aquela moça... pouco mais do que uma criança... estava sofrendo. E poderia ser violentada pelo próprio pai!

Martine voltou a olhar o chão enquanto seu peito arfava com soluços que não podia conter.

Foi, então, que a Condessa concebeu um plano. Por que, de repente, o ódio se lhe abrandou? Por que, de repente, sentiu-se tão culpada?

Também Martine a olhava surpresa. Conhecia a Condessa de longe, mas nunca lhe dirigira a palavra. Louise era altiva demais para dar atenção a uma serva.

"Estranho – pensou a moça –, parece que a conheço desde sempre."

Era o passado espiritual que voltava. Louise fora a mãe displicente de Lorraine, hoje Martine, e que não a educara com a responsabilidade devida. Fora omissa e negligenciara a educação espiritual da filha.

Há uniões unicamente por ligação material e que são circunstanciais. Há a verdadeira ligação, que é a espiritual; e há também as ligações para se refazer condutas inadequadas do passado.

Capítulo 10

Tombo providencial

LOUISE MANDOU ALINORA PROVIDENCIAR UM BANHO para a prisioneira.

– Depois do banho, providencie também uma ceia para ela. Traga-lhe um pouco de vinho misturado com água. Ela está muito pálida – e, tirando carinhosamente um cacho de cabelo grudado na testa da prisioneira, sentiu que seu coração se abrandava.

Depois do banho demorado, a prisioneira sentiu-se bem melhor. Com um pente de seu uso pessoal, a Condessa penteou-a com cuidado. *"Está ainda mais linda!"* – pensou com uma ponta de inveja.

Alinora estranhou tanta benevolência por parte dela, mas nada comentou. A Condessa, estranhando, ela própria, aqueles sentimentos maternais surgidos tão de repente, permitiu que algumas lágrimas lhe descessem pela face:

– Martine, sei que você não tem culpa dos arroubos do Conde, e eu lhe peço que procure fugir daqui. Eu a ajudarei. Quando o padre chegar, finja que está doente. Terei uma carroça preparada e direi a ele que você precisa voltar para a família. Confie em mim.

Os olhos de Martine brilharam ante a possibilidade de voltar aos seus.

– Bendita seja para sempre, Condessa Louise.

– Não diga nada a ninguém.

– Nada direi. Mas e quanto a Alinora? Ela me confidenciou que o Conde ameaçou matá-la se ela me deixasse fugir.

– Isso é uma bravata do senhor meu marido! Eu saberei impedi-lo. Padre Bernard o ameaçará com a excomunhão. Ele não vai querer arder no inferno eternamente.

– Posso beijar suas mãos, senhora?

– Não precisa. Basta que não ceda aos caprichos de meu marido. Agora sossegue esse coração, que vou tomar as providências. Vamos... pare de chorar! O mundo não se acaba pelas loucuras dos homens.

Alinora, de ouvido colado à porta, tremeu. A Condessa não tinha o direito de pôr sua vida em risco. Assim que a porta se abriu, ela jogou-se aos pés de Louise:

— Por favor, senhora! O Conde me matará se Martine fugir!

— Nunca perde o mau costume de escutar atrás das portas?

— Desculpe-me. Mas estava receosa de alguma trama.

— Fique descansada. O padre dará um jeito também nisso. Meu marido não vai querer ser excomungado. Fique tranquila.

— Mas o padre realmente fará o que a senhora diz?

— Eu saberei convencê-lo. A igreja está sempre precisando de dinheiro. E o padre Bernard tem lá suas obras assistenciais, pois não diz sempre que é um ministro de Deus?

A serva se despreocupou. Sabia que o Clero fazia o que bem entendia com seus fiéis. Manipulava-os através do medo. A ignorância sobre a justiça de Deus fazia-os crianças alienadas. A Igreja sempre soube tirar proveito disso. Mostrava o inferno com seus demônios; o sofrimento ímpar que ali passavam os que a igreja condenava. E lhes acenava com um Céu. Um Céu de felicidade plena. Onde nada mais havia a fazer senão caminhar por fofas nuvens e contemplar a face de Deus. E quem fosse excomungado estava banido desse Céu de ociosos; perdia seus privilégios junto ao rei e toda sua riqueza era confiscada. Na melhor das hipóteses, porque não raro eram covardemente assassinados. Vale dizer que até os reis se submetiam aos caprichos do Clero, sempre com o medo da excomunhão e de perderem a coroa.

A Condessa mandara um servo a cavalo buscar o padre.

– Entre, padre, por favor. Fique à vontade.

Depois de beijar a mão do padre Bernard, de contar tudo que se passava ali, ela lhe explicou o plano.

– Mas veja, senhora Condessa... O Conde Jean Louis não está. E depois... Ele tem direitos sobre ela. Ninguém, nem a senhora, poderá impedi-lo de fazer o que quiser com essa serva.

– Mas o senhor, que considero tanto, acha isso correto?! Acha que Deus aprova isso?

– Não. Claro que não! Mas o que posso fazer?

Não foi a Igreja, ou eu, quem deu aos suseranos seus direitos! É uma lei da sociedade e quem nasce vassalo deve se submeter à vontade de seus suseranos.

Louise mordeu o lábio inferior de tanta revolta. Mas se conteve. Abriu um cofre disfarçado na parede e de lá retirou um saco contendo muitas moedas. Sorridente, ofereceu-o ao padre:

– Para algum agrado, padre. Sei das necessidades de nossa igreja.

Os olhos do padre pousaram sobre o pesado saco:

– Em nome de Deus vou aceitar esse... podemos dizer... bem-vindo dízimo. Que Deus olhe sempre por este castelo e por todos os seus – e deu a mão para novamente ser beijada pela Condessa.

– Padre... quero também pedir em favor de Alinora. O Conde ameaçou-a de morte caso, quando ele voltar, não encontrar a camponesa aqui. Ela está com muito medo.

– Fique tranquila. O Conde só fará o que eu ordenar que faça.

– Confio no Senhor, padre Bernard.

A tarde ia desfalecendo, quando o padre e um servo, com Martine na sua montaria, deixaram o castelo.

A chuva, que se insinuava desde a manhã, começava a cair sem alarido.

***

O Conde Jean Louis esporeou seu cavalo na pressa de logo chegar ao castelo. Seus cavaleiros mal conseguiam galopar ao seu lado. Uma sombra seguia o Conde e lhe insuflava pensamentos libidinosos em relação à prisioneira Martine. Era um ferrenho Espírito obsessor, que não conseguia perdoar os maus tratos recebidos em outros tempos e queria vingança. Jean Louis acolhia tais pensamentos, pois estes iam ao encontro dos seus próprios desejos.

Quantas reencarnações precisaremos para nos harmonizarmos com a Lei violada? Quantas lágrimas teremos de derramar até esgotar a bebida amarga que temos de sorver? Quando vamos entender que a vida nos devolve aquilo que damos a ela?

No entanto, o amor de Deus é inconteste. É por muito nos amar que Ele nos possibilita inúmeras existências, nas quais vamos crescendo e compreendendo as Suas leis.

O inferno, eterno para o infeliz que para lá é arremessado, criado para aterrorizar o pecador, é uma embusteirice conveniente para manter o fiel preso a conceitos. Assim, pelo medo e não por amor e compreensão, ele segue tentando fazer o melhor, todavia sua alma continua infantil e dependente. De igual forma, a concepção de Céu, também eterno para os bons, se nos apresenta como obra falível do Homem, pois, que mãe poderia ficar ali feliz sabendo que seu filho amado estaria queimando no inferno? Que esposo seria indiferente à dor da esposa nas agruras infernais, e vice-versa? E ainda com a agravante de nada poder fazer por eles. Que suas preces de nada valeriam para ajudar. Realmente, tal Céu é o dos egoístas; daquele que só se importa consigo mesmo. E aí perguntamos: tais sentimentos egoístas poderão ter os puros de coração que, por isso mesmo, foram para o Céu? Que responda o bom senso.

O Conde Jean Louis era um Espírito antigo. Tantas reencarnações, tantos sofrimentos, e ainda não se lhe acordaram as responsabilidades diante da vida. Quando estagiava na erraticidade, conseguia compreender a necessidade evolutiva, mas, quando a matéria empanava sua memória, reiniciava no caminho das dores. Seu querer se modificar era morno e sem determinação. Um progresso milimétrico em cada existência.

O Conde tinha sempre junto a si algumas sombras, atraídas, quase sempre, por seus pensamentos.

Eram entidades desencarnadas infelizes e alienadas que o seguiam, sentavam-se à sua mesa e favoreciam seu desequilíbrio. Cada qual escolhe suas companhias espirituais. Sombras ou luzes. Flores ou espinhos.

A chuva batia em seu rosto e tornava a estrada escorregadia. De repente, um animal silvestre atravessou a estrada. O cavalo se assustou, relinchou e parou repentinamente. O Conde foi projetado no espaço e caiu mais à frente, rebolcando-se no barro.

Enquanto os cavaleiros corriam para auxiliá-lo, dois outros passavam por eles sem serem notados. O tombo do Conde fora providencial, para que o padre e o servo, que levavam Martine, pudessem passar sem perigo de serem barrados.

Martine cobriu o rosto ao passar pelo grupo parado. Temeu ser descoberta e obrigada a voltar ao castelo. Agarrou-se à cintura do vassalo e principiou a orar a Deus. Respirou aliviada quando percebeu que não foram reconhecidos.

Enfim chegaram à casa da moça, que ficava a alguns quilômetros dali. Martine havia lhe contado sua triste história e o padre condoeu-se dela:

— Pois olhe, minha filha. Eu mesmo farei seu casamento com Stéphan. Quando o Conde descobrir, vocês já estarão casados. Deus haverá de me perdoar.

Martine sentiu o coração em festa.

– Padre! Que Deus o guarde! Fará isso por nós?

O padre entrou com Martine na humilde casa. Os pais e o noivo choraram de contentamento. Stéphan sondava a noiva:

– O miserável Conde... ele...

Não tinha coragem de perguntar o que não lhe saía da mente. Martine sabia o que ele queria saber.

– Não. Ele não me tirou a honra. Nada tenho do que me envergonhar. Sou tão pura como quando daqui saí.

Stéphan estreitou-a nos braços fortes. Um peso enorme saiu de seu coração e a vida lhe pareceu mais bela.

Embora o castelo ficasse relativamente perto da casa humilde da serva, o Conde não foi ao seu encalço. Não poderia fazê-lo. Mais adiante vamos saber o porquê.

Marcaram o casamento para a semana seguinte. Somente os da família e amigos muito próximos foram convidados. Convinha que ninguém ficasse sabendo para não inflamar a ira do Conde.

Na capela dos vassalos, em uma tarde de Sol, Martine e Stéphan faziam-se marido e mulher.

Capítulo 11

A revelação

O GRUPO CHEGOU AO CASTELO. JEAN LOUIS ESTAVA sujo feito um tatu. A impressão causada pelas palavras da mãe desencarnada já não o sensibilizava mais, e ele só tinha um pensamento: *"Hoje, Martine será minha, ainda que eu tenha de amarrá-la. Tenho sido muito paciente e ela está se aproveitando disso. Mas agora já chega!"*.

Diz um adágio popular que o homem faz e Deus desfaz. Nada mais certo. Assim, as preces de Martine foram ouvidas, e ela foi salva da luxúria do Conde Jean Louis.

Passos apressados e ruidosos no grande corredor do palácio estremeceram o coração de Louise. *"Meu Deus... ajude-me"*.

— O que lhe aconteceu? – perguntou assim que o viu todo enlameado.

— Um animal silvestre assustou o cavalo, e ele refugou, jogando-me ao chão – falou irritado sem olhar para ela.

— Está ferido?

— Não. Mande me prepararem um banho. Que não demorem!

O banho foi mais rápido do que o habitual. Mal tirou o barro do corpo e subiu para o quarto onde deixara Martine antes da viagem.

Alinora e Louise se olharam. Ambas tinham o medo estampado no rosto. O quarto estava às escuras. O Conde esperou um pouco até a visão se acomodar. Abriu a janela. E não viu Martine.

Como um demônio furioso, desceu correndo a escadaria. O ódio o cegou por alguns instantes, e ele rolou escada abaixo.

Louise, Alinora e outros servos acudiram, assustados. Jean Louis berrava de dor, segurando a perna. Mesmo gemendo, perguntou por Martine.

— Onde você colocou a camponesa?

Louise gaguejava e a voz não saía.

– Onde? Fale de uma vez!

– Jean... acalme-se. Depois falaremos, agora temos de cuidar de você.

E os servos o levantaram com dificuldade. Ele gemia e arrastava a perna direita.

– Por todos os demônios! Acho que quebrei a perna!

Realmente a perna estava quebrada. Um médico foi chamado e tomou as providências que o caso requeria. O Conde deveria permanecer na cama e, mesmo depois que se levantasse, levaria muito tempo para poder andar. De qualquer forma, era bem provável que ficasse coxo.

Fora providencial a queda. Agora, no leito, nada poderia fazer ao saber que sua bela camponesa fugira do castelo, acobertada pela Condessa e com a colaboração do padre.

Louise contou-lhe o ocorrido, omitindo alguns fatos:

– O padre Bernard veio aqui para confessar Martine, pois ela estava muito doente. Na confissão, ficou sabendo que ela fora raptada. Indignou-se. Disse mesmo que poderia excomungar você...

O Conde ficou lívido:

– Não! Excomungar não! Maldita camponesa! Ela me paga. Quando eu sair desta cama, ajustaremos as contas.

– Acho que você deve pensar na excomunhão... O padre Bernard não estava brincando. E o inferno espera os excomungados.

– Eu bem sei o que ele quer.

Louise também sabia. Mas não contou ao marido que já havia dado um saco de moedas ao padre.

Se na saúde o Conde já era irascível, agora, obrigado a guardar o leito, ultrapassava todos os limites. Do quarto, berrava maldições. Não dava um instante de sossego a Louise. Obrigava os servos a carregá-lo para fora do quarto e tão logo chegavam aonde ele queria dava ordens para a volta. Em nenhum lugar se sentia bem.

Filipa estava muito preocupada e deliberava falar com ele; colocar um pouco mais de juízo em sua cabeça, pois via que, também na encarnação presente, ele não se reequilibraria com as leis que vinha desrespeitando ao longo do caminho. Esperou que ele adormecesse e o levou em corpo perispiritual para longe do quarto, em uma região não distante dali.

No céu, as estrelas cintilavam, e a Lua, indiferente, olhava a Terra.

Filipa ajoelhou-se e fez sentida prece:

Meu pai,

Em nome do amor imensurável que tens por tuas criaturas; em nome da infinita bondade que faz parte de Ti e em nome de um coração materno vergastado de dor pela incúria do filho, é que ouso te pedir, Pai. Permite que Jean Louis desperte para as responsabilidades da vida; que aprenda a ser piedoso, pois vejo que, apesar da passagem dos séculos, ele ainda recalcitra em perdoar. Não permitas, ó pai de amor, que ele moleste a nossa Martine, pois ele ainda não sabe que é seu pai biológico. Ser-lhe-á tremenda desgraça se conseguir realizar o que vem planejando noite e dia. Ajuda-me. Em nome do Pai..." – persignou-se como sempre fizera nas missas quando ainda encarnada.

O Conde estava distante. Parecia que ainda não despertara de todo e seu Espírito ainda se encontrava emancipado do corpo. Um só pensamento o dominava: Martine. Por onde andaria a bela camponesa que lhe tirara o sossego?

Filipa estendeu suas luminosas mãos sobre o filho. Dali a instantes, ele saiu daquele estado de alienação e a olhou:

– Mãe! Mãe! Por que me abandonou? Tenho cometido erros sobre erros na sua ausência!

E o Conde se arrojou aos seus pés para beijá-los. Lágrimas desciam-lhe rosto abaixo. Filipa também se emocionou e chorou. Levantou o filho nos braços:

– Filho, o que tens feito da oportunidade que nosso Pai te concedeu? Acaso não sabes que voltamos a reencarnar para reparar o mal que vimos praticando há séculos? Para crescer em Espírito... Evoluir para Ele...

– Mãe... a vida tem sido impiedosa comigo. Não sou feliz. Não amo Louise e meus filhos não me apreciam...

– Ah... filho! Ainda não percebeste que tens mais do que realmente mereces? Louise te ama e sofre por tua indiferença. Teus filhos acham que és tu quem não os ama.

– Mãe, sou um infeliz. Quisera morrer... Esquecer...

Junto àquela que lhe fora mãe, o Conde se fazia criança novamente. E choramingava, querendo o carinho materno que tanta falta lhe fazia. Mas Filipa sabia que não devia alimentar sua ilusão e foi incisiva:

– Jean Louis, escuta muito bem o que vou te dizer: tens muito mais do que realmente mereces. Essas criaturas que palmilham contigo são reforços no teu caminho para te ajudar na evolução, que já muito se tarda. E tu... que fazes? Eu te respondo: humilha-os. Não lhes valoriza a presença. Preferes correr atrás de aventuras pecaminosas! Das ilusões passageiras e enganosas!

O Conde baixou os olhos. O olhar de sua mãe lhe penetrava a alma e via o que ele não queria mostrar. Depois, com ares de vítima:

– Mãe... também a senhora está contra mim...

– Não, filho! Estaria contra ti se te apoiasse em tuas loucuras.

– Mas eu sofro tanto!

– O sofrimento, quando é procurado por nós, não tem mérito algum. Não é pelo muito sofrer que ganharemos alturas celestes; é pelo **saber** sofrer quando o sofrimento nos chega por necessidades de reparar erros. E no teu caso devo te dizer, corres atrás deles. Procura-os.

O Conde se quedava, silente. Estava envergonhado. Filipa continuou:

– Filho, nunca reparaste na semelhança entre ti e Martine? Os mesmos traços, os mesmos olhos...

O Conde não entendeu a pergunta:

– Semelhança? Que semelhança?

– Semelhança física. Até Louise já percebeu.

– O que Louise percebeu?

– Que Martine é sua filha biológica. Filha tua e de Saray, a quem violentaste na noite de núpcias, há quinze anos.

O Conde arregalou os olhos e tremeu. Assustou-se tanto com a revelação que retornou precipitadamente ao corpo adormecido. Filipa não o deteve. Era bom que ele acordasse com as cenas vivas na memória.

Pela entrada abrupta no organismo físico, sentiu-se mal. A cabeça principiou a girar. As lembranças voltaram. Dolorosas. Impiedosas.

"Martine... que pesadelo! E minha mãe... por que teria me dito tantas bobagens? Imagine! Martine... minha filha?"

Então, lembrou-se do dia do casamento da serva Saray. Da noite de núpcias que ele lhe roubou. Do sofrimento da donzela recém-casada."*Eu destruí a emoção da primeira noite dela. O que deveria ser uma noite de prazer, junto ao esposo, foi de angústia e medo. Minha mãe tem razão. Sou um réprobo que não merece ser feliz".*

Na manhã seguinte, chamou a Condessa:

– Louise, você sabia há muito tempo?

– O quê? Sabia o quê?

– Que Martine é minha filha.

Louise ficou surpresa. Será que o marido sabia e, mesmo assim, quis abusar dela? Impossível. Seria canalhice demais! Em vez de responder, ela lhe fez outra pergunta:

– Você, então, já sabia?

– Não! Por Deus, que eu nem desconfiava.

– Nunca notou a semelhança?

A Condessa sofria com aquele diálogo. Sentia-se humilhada. Mas achou ótimo que o Conde soubesse. Só assim o incesto seria evitado.

Lágrimas desciam pelo rosto do Conde. Mas não eram de arrependimento. Ainda não. Eram de estupefação. Sentia como se o destino o houvesse atraiçoado. Não podia ver seu sonho cúpido ser impossibilitado daquela forma. Ao pensar em

Martine, agora que sabia ser ela sua filha, nenhum amor abrandou seu coração empedernido. Mais se revoltou e acusou seu destino. Não havia dúvida. Deus era seu inimigo. E mais ferocidade guardou no coração.

Louise o olhava. Julgou que o marido, finalmente, despertara para a responsabilidade; para o respeito que lhe devia e aos filhos. Azedo, ele lhe respondeu:

– Nunca vi semelhança alguma.

– Porque não quis ver. Era-lhe conveniente.

– Louise... você me deve respeito.

A Condessa sentiu a situação do marido, ali, impossibilitado de andar. Então, todo o medo desapareceu. Altiva, quase arrogante, encarou-o:

– Quem é o senhor, meu marido, para falar em respeito? Acaso respeita alguém? Respeita a mim, aos seus filhos, à memória de sua mãe? Respeita-se a si mesmo? Não, não me responda. Eu lhe respondo, senhor Conde: sua vida tem sido bem miserável. A mesquinhez que o domina é visível até para os ignorantes vassalos!

O Conde tentou se levantar. Não seria a primeira vez que ele agrediria a Condessa. Mas, à tentativa, gemeu de dor. Num acesso de cólera, arrancou as ataduras da perna enquanto esbravejava. Parecia um demente que, ante a impossibilidade de se vingar da esposa, vingava-se em si mesmo.

A Condessa virou-lhe as costas, mas, antes que saísse, ele lhe perguntou:

– Como você descobriu?

Não houve resposta, mas ele lembrou o sonho. Será que até a mãe sabia de sua intenção? Ele mesmo concluiu: *"Ela sabe. E veio me avisar para que não acontecesse o pior. Será verdade que os mortos espreitam os nossos passos? Era o que me faltava!"*

No já citado O Livro dos Espíritos, Capítulo IX – Intervenção dos Espíritos no Mundo Corporal –, encontramos as perguntas abaixo:

456: Os Espíritos veem tudo o que fazemos?

Resposta: Podem vê-lo, pois estais incessantemente rodeados por eles. Mas cada um só vê aquelas coisas a que dirige a sua atenção, porque eles não se ocupam das que não lhes interessam.

459. Os Espíritos influem sobre os nossos pensamentos e as nossas ações?

Resposta: Nesse sentido, a sua influência é maior do que supondes, porque, muito frequentemente, são eles que vos dirigem.

Quando nós chamamos de "mortos" àqueles que nos precederam no túmulo, estamos em erro, pois eles não estão mortos, e sim acordaram para a verdadeira vida. Nós outros é que estamos "mortos", pois, pelas imposições do renascimento, perdemos nossa memória e temos limitados todos os nossos sentidos. Se a reencarnação submete o Espírito e reduz suas potencialidades, a desencarnação, ao contrário, liberta-o e lhe devolve a memória. Convém explicar que, retomar a memória integral, depende muito da evolução do desencarnado e da conveniência ou não. Muitas vezes, a memória vai surgindo aos poucos.

O Conde Jean Louis agradeceu, em pensamento, a revelação daquela que lhe fora mãe. Agora sabia que ela ainda o amava, apesar de ele não ser o filho que ela merecia.

No terceiro dia, ele começou a ter uma febre intermitente, resultado de uma infecção generalizada. Não havia médicos por perto, e ele foi sendo tratado com remédios caseiros e panaceias.

Preso ao leito, não tinha disposição para se levantar e a febre intermitente o fazia delirar. Não bastasse isso, o tédio e os últimos acontecimentos traumáticos o levaram a uma prostração irreversível. Naquela época, ainda nada sabiam sobre a depressão.

Louise, apesar de não amá-lo verdadeiramente, perdoou-o de coração, e se revezava à sua cabeceira. Em uma noite de tempestade, a saúde do Conde piorou. Queimava em febre e reclamava de dores. Tinha momentos de completa loucura, nos quais dialogava, aos gritos, com alguém que só ele via. O padre Bernard foi chamado para dar a extrema-unção ao moribundo. Era chegada a hora de se defrontar consigo mesmo.

Ao romper da alva, o Conde não mais existia no mundo dos encarnados.

Pelo seu modo arrogante de ser, pelas maldades que cometia, ele foi atraindo a si toda negatividade. Espíritos desencarnados que foram por ele prejudicados juntavam-se à turba ignorante, que se comprazia no mal mesmo sem ter sofrido ofensa alguma por parte dele. Só pelo gosto de promover desordens.

Foram tais Espíritos, companheiros nocivos em sua vida, que o desequilibraram e o fizeram rolar escada abaixo. De certa forma, foi um bem, pois se evitou mal maior.

Foram, ainda, esses inimigos desencarnados

que, minando as suas resistências emocionais e físicas, tornaram-no com predisposição à infecção que o levou à morte. Os imaturos de Espírito acham que, morto o inimigo, acabar-se-ão os seus problemas. Nada mais enganoso. O inimigo "morto" é muito mais perigoso do que o vivo, pois nos encontra onde quer que estejamos. Não podemos vê-lo, enquanto ele nos vê. Usa de armas que desconhecemos e age nas sombras. É mais traiçoeiro do que uma víbora e pode nos causar males que a Medicina nem desconfia.

Razões não faltaram a Jesus quando disse: "Deixe sua oferenda no altar e vá depressa se reconciliar com seu adversário, enquanto estás caminhando ao lado dele. E ainda: Ama a Deus sobre todas as coisas e ao próximo como a si mesmo". Atentássemos nós às Suas recomendações e estaríamos livres das dores.

Capítulo 12

Ecos do passado

O ESPÍRITO JEAN LOUIS FOI RECEPCIONADO POR alguns amigos, porém, o número de inimigos era bem maior. A obsessão se dava mesmo quando recolhido num posto assistencial do umbral, pois a mente não conhece barreiras, até que, um dia, acabou sendo atraído magneticamente para junto de seus desafetos. O pior deles era Urbino, que também desencarnou curtido em ódio contra ele e o esperava para a vingança.

Martine, depois de algum tempo, também desencarnou, vítima de um parto malsucedido. Seguiu para outro lugar mais feliz do que o que acabava de deixar, pois não comprometera aquela existência. A vida lhe dava um armistício depois de tanta provação. É bem verdade que cometemos os erros e temos de expiá-los, mas o pagamento se dá em prestações, pela bondade de Deus.

Stéphan (Syman), porque trouxesse o coração ainda repleto de ódio, padeceu no umbral por muito tempo após sua desencarnação, pois cada qual respira no ambiente que lhe é próprio. Muito sofreu e sua maior dor era estar separado de Martine. Bem pouco progrediu naquela existência.

Um dia, quando o Espírito Jean Louis, finalmente, olhou o céu nublado através das grades da prisão onde há muito fora encarcerado por seus obsessores, lembrou-se de Deus. Chorou. Orou. Arrependeu-se de suas maldades e, depois de algum tempo, sempre protegido por Filipa, foi resgatado e encaminhado a uma nova existência.

Todo o grupo confrontar-se-ia novamente em nova encarnação. O programa de cada um foi traçado. O ex-Conde Jean Louis conviveria novamente com seu pior inimigo, aquele que jamais o perdoara, o antigo servo Urbino. Também Lorraine estaria novamente entre eles.

Assim, em meados do século XVI, Jean Louis abraçou o Protestantismo e se tornou o pastor Simon. Não porque fosse religioso. As súplicas a Deus, feitas durante o sofrimento entre seus inimigos, eram apenas a da criatura que se sente fraca e precisa de proteção. Daquele que está em perigo. Uma vez passados os momentos dolorosos, esquece-se das boas intenções e retoma a personalidade antiga e enraizada dentro de si.

O Conde da existência anterior viu nisso um meio fácil de ganhar a vida e ter prestígio. A mãe atual era uma dama da sociedade e pouco se dedicava a ele. Preocupava-se tão somente em lhe arranjar boa colocação, mais por orgulho do que visando à transformação moral e espiritual do filho. A Igreja, negando sempre as verdades científicas, adotando postura dúbia, indo ao encontro das ilusões do mundo e esquecendo sua finalidade precípua, havia provocado a cisão, criando mais materialistas e confundindo o raciocínio daqueles que ousassem contradizê-la.

O pastor Simon era querido por todos, pois o verniz social e o desejo de se sair bem na vida sempre lhe vinham em primeiro lugar. Há muito que vinha lutando com sua personalidade interesseira e inconsequente. Seu coração batia sempre insatisfeito pela falta de um amor sincero e correspondido. As máculas da alma não se dissolvem com facilidade, mas só à custa de muita determinação, fé e sofrimento.

Seu antigo desafeto do fim da Idade Média, Urbino, tornou-se também pastor nessa mesma época e cidade. Lembremos que tal antigo vassalo fora humilhado por ele que, à época, sequestrou-lhe a esposa Saray na noite de núpcias e, depois, sequestrou Martine, desconhecendo que ela era sua própria filha.

Na atual reencarnação, Urbino chamava-se Herbert. A rivalidade era visível entre os dois: um querendo sobrepujar o outro. Mal se cumprimentavam e chegavam a mudar de calçada para não se cruzarem. Era o passado emergindo no presente.

Uma jovem encantadora, Isabelle, havia roubado o coração de Herbert, pois Saray, seu verdadeiro amor, não estava reencarnada à época.

Herbert e Isabelle estavam noivos e o casamento se realizaria dentro de alguns meses.

Isabelle frequentava a igreja do pastor Simon, pois morava a apenas duas quadras da igreja. A princípio, não gostou dele. Sentiu-lhe a personalidade arrogante e interesseira, mas, com muito tato, ele conseguiu conquistar-lhe o coração. Sempre lhe dava algum mimo, pois a moça começou a se tornar uma obsessão para ele. Queria-a para si, e mais cresceu o ódio contra o pastor Herbert.

Numa noite, após o culto, ele a seguiu:

– Mademoiselle Isabelle? Posso acompanhá-la?

– Não creio seja adequado, pastor Simon.

Nas profundezas da alma, sentiu que já vivera, em algum tempo, a mesma sensação de ser desejada por ele. Então, um sentimento de vaidade, remorso e inquietação constrangeu-a.

– Só quero lhe dar um presente que comprei hoje – e retirou do bolso um pequeno estojo, envolto em fino papel. Era um pequenino anel. Isabelle, moça pobre, nunca tivera joia alguma. E aquele anel era tão lindo... "Mas não! Não seria decente". – pensava. Estava noiva do pastor Herbert e não seria correto aceitar o presente daquele que não escondia seus sentimentos por nela.

– Desculpe-me, pastor, mas não posso aceitar.

– Por que não? Escolhi-o com carinho para a mademoiselle.

Algumas sombras envolveram os dois. Uma delas encorajava o pastor, enquanto outra exaltava o ego de Isabelle e a fazia recordar-se dos tempos em que, como Lorraine, fora rica, igualmente bela e presunçosa.

Sem muita convicção e querendo, no íntimo, ser convencida, respondeu com voz melíflua:

– Como explicar ao meu noivo? Acha que ele não me fará devolvê-lo ao senhor?

– Ora, minha cara, não precisa dizer que foi presente meu. Aceite, por favor.

– Mas ele sabe que ninguém me daria um presente tão caro... Sou de família pobre.

– Diga-lhe que foi minha mãe quem lho mandou. Vocês se conhecem e ela gosta de você. Sei que hoje é seu aniversário.

Isabelle aceitou. Sabia que seu noivo não se lembrara de lhe comprar sequer um ramalhete de rosas. Estivera com ele pela manhã, e, se não o lembrasse do aniversário, ele sequer a cumprimentaria. Já o pastor Simon lhe comprara um anel e a cumprimentara carinhosamente pela data.

Seguiram os dois e, ao passar por uma praça, sentaram-se, e o próprio pastor lhe colocou no dedo o anel. Depois, beijou demoradamente sua mão. E o passado distante, quando fora o vassalo Olivier, emergiu em seu consciente a ponto de fazê-lo sentir o reflexo da dor então sofrida. Ficou pálido e não conseguiu falar por alguns segundos. Isabelle não percebeu, pois baixara os olhos, admirando a joia que reluzia em seu dedo.

— Por favor, pastor... Vamos embora. Podem nos ver aqui.

— Pois que vejam. Estou realmente apaixonado por você. Case-se comigo. Afaste-se de Herbert... Ele não merece você!

※ ※ ※

Com o tempo, ela se tornava mais arredia em relação a Herbert e mais ligada a Simon, que a ia conquistando com palavras doces e presentes valiosos. Afora isso, as lembranças arquivadas na mente espiritual lhe voltavam, e ela se sentia cada vez mais confusa. Ao pastor Herbert não passava despercebido tal procedimento.

— O que está acontecendo, Isabelle? Sinto que cada dia você se distancia mais de mim; foge dos meus carinhos, parece que não mais lhe agrada a minha presença. Está com algum problema? Fale. Confie em mim, que sou seu noivo e a amo.

Isabelle fugiu às respostas. Realmente, ela e o pastor Simon estavam se encontrando às escondidas. Não demorou muito para ser surpreendida pelo noivo.

Herbert não suportou a humilhação e suicidou-se, deixando uma carta acusando o pastor Simon e a ex-noiva. À época, tudo foi abafado. Os interesses das Igrejas falaram mais alto.

Mas, longe de assumir um compromisso sério com Isabelle, a mulher que dizia amar, o pastor Simon, movido por um remorso atroz, abandonou-a a própria sorte. A moça, mal-afamada na cidade, mudou-se para Paris, sua terra natal, e soube-se que morreu alguns anos depois. Ficara doente da alma, obsidiada impiedosamente pelo ex-noivo, que não lhe perdoara a infidelidade. Muito padeceu no umbral até ser de lá retirada pelos Mensageiros da Luz. Teve, algumas décadas depois, mais uma reencarnação onde não se consorciou e na qual se saiu relativamente bem, praticando muita caridade junto aos necessitados das ruas de Paris. Começava, assim, sua ascensão para o mais Alto. Daquela Lorraine, Martine e Isabelle, restava muito pouco.

O pastor Herbert, pelo suicídio, vagou por muito tempo nas trevas, sofrendo dores atrozes e, por ser intelectualmente bem adiantado, tornou-se, depois, chefe de um Tribunal das Trevas. Estivera reencarnado outra vez na Inglaterra, mas vivera somente até a idade de 27 anos. Em decorrência do tipo de suicídio, envenenamento, lesionara desde o esôfago até o estômago, o que lhe valeu um câncer nesses órgãos, e isso o levou à morte prematura. Morreu sozinho, sem amigos, e sempre maldizendo a vida. A partir de então, fugira da reencarnação como o diabo foge da cruz. Perdera o contato com o pastor Simon, pois este, desencarnando algum tempo depois, foi recolhido, após muitos padecimentos, a uma casa assistencial do astral e, passado muito tempo, teve outra reencarnação, na qual deveria reencontrar-se com esse seu antigo desafeto, o pastor suicida, para tentarem a reconciliação, mas tal não foi possível porque Herbert desistiu à última hora de reencarnar. Ainda não estava preparado para perdoar seu desàfeto.

Razões teve Jesus ao recomendar que, antes de qualquer coisa, devemos nos reconciliar com nosso adversário. Desamor é o elo que nos prende aos desafetos e o amor é o que nos leva à felicidade. Não fomos criados para a dor, pois nosso Pai Celeste não é nenhum tirano sádico que se compraz com nosso sofrimento.

Capítulo 13

Renascendo no Brasil

A TERRA CAMINHA PARA O INÍCIO DE NOVO CICLO. Nada fica inerte, pois, pela evolução, que é lei do planeta, tudo vai se modificando; transformando--se. Nós, os diamantes brutos, depois de tanto nos atritarmos uns com os outros, vamos dissolvendo as impurezas e mostrando nosso brilho.

A humanidade conta, para seu avanço espiritual, com revelações periódicas a fim de sacudir nosso marasmo, nossa indolência, e nos acordar para a realidade espiritual.

Espírito lúcido, o pensador Teilhard de Chardin afirmou: "Não somos seres humanos vivendo uma experiência espiritual. Somos seres espirituais vivendo uma experiência humana". Nada mais acertado. Na nossa essência, somos Espíritos. Assim, **estamos** criaturas materializadas com a finalidade de evoluir, pois, se Deus já nos tivesse feitos acabados, perfeitos, nenhuma razão haveria para estarmos aqui reencarnados. E o mérito pela nossa perfeição não seria nosso, e sim Dele.

Embora a criação seja ainda um mistério, pois nossa mente ainda não pode abarcar a complexidade do início da vida, temos tido informações do "mais alto" de que, um dia, que já se perdeu no tempo, fomos projetados no espaço cósmico, pela mente e vontade do Pai Criador. Tal centelha de luz recebeu o nome de mônada luminosa ou mônada celeste. Involuímos até as mais rudimentares formas do reino mineral, onde cessou o movimento de queda e se iniciou outro ciclo, agora o de subida; o de evolução, sempre assessorada pelos Diretores siderais, recolhendo as informações, desenvolvendo o psiquismo e arquivando as conquistas na casa mental.

Milênios passam vagarosamente pela ampulheta do tempo. Não há pressa. Tudo tem de ser completamente assimilado, consubstanciado. Adquirimos o instinto, a sensação e a emoção, a razão e a inteligência. Construímos nossa personalidade espiritual.

Colhendo as mais diversas experiências nos diversos reinos da natureza, chegamos à condição de seres humanos, quando já nos governamos por nós mesmos; quando somos donos do nosso destino; quando fazemos nossa felicidade ou infelicidade. O mal, como mal propriamente dito, é muito relativo, pois que dele podemos tirar experiências enriquecedoras e saber quais são os caminhos que podemos ou não seguir na eterna vida. Paulo de Tarso, o apóstolo dos gentios, em uma de suas epístolas, escreveu: "TUDO ME É PERMITIDO, MAS NEM TUDO ME CONVÉM".

A nós devemos nossa ascensão e queda, pois já temos condições de decidir, por nós mesmos, em virtude de já possuirmos inteligência e, com ela, o livre-arbítrio.

O Criacionismo, sabemos, é a crença de que Deus teria criado o mundo em apenas seis dias, conforme citação bíblica, aceita por quase todos. Deus teria tirado o homem do barro da terra. De tal homem, conhecido por Adão, teria formado a mulher, a Eva.

Quando Charles Darwin publicou, em 1859, "A Origem das Espécies", a Igreja se indignou, mostrando-se contrária, defendendo o Criacionismo e negando a teoria evolucionista elaborada e desenvolvida por diversos cientistas, principalmente pelo já citado Darwin.

Nos seus estudos, Darwin pôde perceber que, entre espécies extintas e espécies ainda presentes no meio ambiente, havia características comuns. Isso provou que havia um caráter mutável entre as espécies, e não uma característica imutável como antes era comum entender. "As espécies não existem da mesma forma ao longo do tempo, elas evoluem. Durante a evolução, elas transmitem geneticamente essas mudanças às gerações posteriores".

Sabemos hoje que viemos de uma espécie inferior para outra superior; que as mudanças são discretas, mas evidentes; que o animal é nosso irmão em transição e que, nas classes superiores, eles já possuem o Espírito livre. É a lógica e sabedoria divinas comandando a vida por intermédio das Leis Naturais, sábias e imutáveis.

Espírito lúcido e humilde, o Papa João Paulo II, reconhecendo o erro cometido pela Igreja ao negar muitas verdades provadas pela Ciência, desculpou-se com Darwin. Onde quer que o cientista estivesse, com certeza sentiu-se gratificado pela honestidade daquele que foi o representante da Igreja Católica de dezesseis de outubro de mil novecentos e setenta e oito até a sua desencarnação em dois de abril de dois mil e cinco.

Isso posto, vamos perceber que a passagem do tempo modificou os personagens deste livro. Em luta contra seus instintos animais desde séculos, finalmente, eles acordaram para as necessidades do Espírito.

Todos os diretamente envolvidos se encontravam na Espiritualidade, num longo intervalo entre a próxima reencarnação. Faziam um balanço de suas existências mais recentes e percebiam que todas as dores pelas quais passaram poderiam ter sido evitadas se não fosse o egoísmo e o orgulho a dominar-lhes a personalidade.

Quando o calendário cósmico anunciava o envio à Terra de mais uma revelação (o Espiritismo), a fim de relembrar à Humanidade os ensinamentos de Jesus, um tanto deturpados e esquecidos, todos os envolvidos neste drama, que tivera seu início em meados da Idade Média, trabalharam amorosamente junto ao Espírito de Verdade[3].

Durante a preparação e implantação desse

---
[3] Espírito de Verdade foi aquele que orientou Allan Kardec na implantação do Espiritismo na França, no Século XIX. (N.A.)

Consolador, foram leais participantes, desde as chamadas mesas girantes até as sessões de materializações. Adquiriram maturidade, mas, no plano espiritual, vive-se uma realidade e, quando encarnados, outra. Assim, o bom propósito não é garantia de sucesso, pois o esquecimento temporário e necessário, o Espírito envolto na matéria mais densa e o olvido dos compromissos adrede assumidos são fatores a serem considerados. Se a semente germinou em terra rasa, desnutrida; se cresceu entre pedras e não encontrou a água da humildade e do amor para seu crescimento, poderá não frutificar; todavia, nenhum bem realizado ficará esquecido da Bondade Divina.

Para que o bem se consubstanciasse em seus corações, pediram para reencarnar no Brasil, na época do aflorar do Espiritismo. Queriam continuar o trabalho iniciado no plano espiritual. Queriam ser médiuns a fim de mais poderem se ajudar e ajudar o próximo. Um personagem, todavia, continuou impenetrável às verdades: foi o vassalo Urbino, que se distanciou do grupo e seguiu por outros caminhos, não se dispondo a perdoar.

* * *

Novas existências. Novos Nomes. Novos

compromissos, mas os mesmos Espíritos. Mudou-se de casa, mas o inquilino é o mesmo. O que seria de nós se tivéssemos apenas uma existência, como afirmam certas religiões? Estaríamos aptos a habitar o Céu? Mereceríamos o inferno? Felizmente, Deus é Pai, e está sempre estendendo as mãos aos Seus filhos.

Século XXI – Espiritismo florescendo. Reencarnação dos nossos personagens para mais uma etapa da eterna vida.

SEGUNDA PARTE

Capítulo 14

O acidente

ACÁSSIO[4] COMPLETARA 24 ANOS E, COMO TODO JOVEM de sua idade, só pensava em baladas e festinhas com amigos. Não cultivava nenhuma religião e era de opinião que, se não se faz mal a ninguém, nada se tem a temer da Justiça Divina. Ignorava que não fazer o bem já é em si mesmo um mal; que, nesse final de ciclo, temos de consolidar nossas posições. Descer do muro e tomar uma direção definida. Se cremos em Deus e na continuidade da vida após a morte; se cremos que estamos neste mundo para nos quitarmos dos erros que vimos cometendo ao longo do caminho e evoluir, então está na hora de mudarmos, pois o tempo já se esgota.

Na noite do acidente, ele estava indo a uma ba-

---
[4] Acássio já tivera os nomes: Olivier, Jean Louis e Simon em outras existências, narradas na Primeira Parte deste livro. (N.A.)

lada. Chovia. A pista estava escorregadia e a avenida perigosamente deserta àquelas horas. Estivera bebendo com os amigos no barzinho perto de onde trabalhava. Uma amiga tentou alertá-lo para o fato de ele ter bebido, lembrando-o da inconveniência de dirigir naquela situação:

"Acássio, acho melhor eu ir aí buscar você. É perigoso... você bebeu, com certeza..."

"Ora essa! Está me estranhando? Não é a primeira vez que faço isso e nunca me aconteceu nada."

"Sempre há uma primeira vez, meu querido."

"Você sabe que dirijo bem, mesmo estando de *caco cheio*. Depois, não bebi muito."

"Mesmo um 'copinho inocente' retarda nossos reflexos. Lembre-se de que a vida é muito valiosa para ser posta em risco."

Um Espírito amigo, Átila, a quem Acássio havia ajudado em existências pretéritas, desde então o seguia e tentava protegê-lo. O bem praticado sempre traz gratidão por parte do beneficiado. Agora, Átila também tentava dissuadi-lo da ideia de dirigir. Ia sentado ao seu lado, preocupado com o que poderia acontecer, pois vira, no banco traseiro, um Espírito de carantonha feroz, que estimulava Acássio:

"Vamos, seu palerma, calque o maldito pé no acelerador... parece maricas... Está com medo? Ora essa! Você é bom motorista..."

Tal Espírito, o mesmo inimigo do passado distante, de nome Urbino, que fora obrigado a lhe ceder a esposa Saray na noite de núpcias, odiava-o com todas as forças de sua alma. Já havia vivido outra existência, como pastor Herbert, na mesma época em que Acássio fora o pastor Simon e que também o desgraçara. Porém, aquela existência longínqua, como o vassalo Urbino, foi a que o marcara. Depois de séculos decorridos, ainda se lembrava daquela noite e sentia reavivar a dor; a humilhação; a revolta que então sofrera. Não se permitia esquecer, perdoar e deixar o julgamento a Deus.

Átila tentou envolvê-lo em vibrações de amor, de perdão, mas ele, distanciado pela barreira vibracional, não o via nem o ouvia.

Em uma mesa de bar, na calçada de uma rua deserta, dois jovens estavam fumando maconha e conversando. Outro, mais jovem, bebia cerveja, quando um Espírito de expressão animalesca aproximou-se. Fazia parte de uma organização das trevas para aliciamento de crianças, jovens ou de qualquer idade, com o objetivo de os viciarem nas drogas. Sabia que o vício, qualquer que seja, é porta para a derrocada moral.

Sem qualquer cerimônia, disse aos encarnados:

– E aí, pessoal? Vadiando em vez de trabalhar? Quantos encarnados já aliciaram hoje, seus vagabundos?

Embora ninguém o visse, ou o ouvisse, a censura deixou no ar certo constrangimento por parte dos jovens.

Mais sintonizado com as trevas, o mais jovem dos amigos captou, quase que integralmente, a pergunta do Espírito, e isso despertou nele uma vontade enorme de se drogar. Não estava, naquele momento, a fim de aliciar ninguém, mas de satisfazer sua vontade. Saliva chegava a lhe escorrer pelos cantos da boca:

– E aí, galera? Alguém tem "farinha" das boas?

– Que nada! Só um pouco de maconha. Não dá nem pra começar. Infelizmente, estamos duros. Não há dinheiro para comprar nem *crack, brother*.

O desencarnado afastou-se irritado:

– Incompetentes!

Um dos jovens, Dagoberto, teve uma ideia:

— Pois sei quem vai nos financiar.

Ato contínuo, pegou o celular e discou um número:

— Waltinho?

— Oi, Berto. Fala aí, mano.

— Estou precisando de um pouco. Você sabe o que, né, amigão?

— Quanto?

— Só que... dá pra pendurar? A galera tá sem dinheiro.

— Tudo bem. Posso segurar até segunda-feira. Se você não me pagar até lá, já sabe... O chefe não dá mole, cara!

Acertaram a entrega. O Espírito, que os advertira e que fazia parte daquele grupo cujo objetivo era aliciar pessoas, disse a si mesmo ao perceber que não iriam aliciar ninguém e sim se drogarem:

"Vou fazer um relatório ao chefe sobre a incompetência desses três. Ganharei mais um ponto. Agora, tenho de ir àquela balada. Lá vai ser fácil. Com estes aqui não me preocupo mais. Vão se drogar a noite toda".

A entrega da droga foi feita. Os amigos se alegraram e, na ilusão perigosa, cada qual "viajou", na verdade, uma viagem bem mais longa do que supunham.

Nesse mesmo momento, Acássio, ao volante e em uma velocidade incompatível, sentiu a vista se lhe turvar. Balançou a cabeça e respirou fundo. *"Vamos, vamos, lata velha".*

O semáforo estava mudando de amarelo para vermelho. O bom senso recomendava frear e ficar atento, mas, ao contrário, ele acelerou. Não poderia chegar muito tarde à balada, senão a moça com a qual sempre "ficava" arrumaria outro parceiro.

O choque foi terrível! Um carro, em saindo de uma transversal, acertou-o em cheio. O que o salvou foi o cinto de segurança.

O carro capotou e foi parar na calçada do bar onde os nossos já conhecidos viciados estavam se drogando. Todos os três morreram na hora. O outro motorista sofreu apenas algumas escoriações e desceu rapidamente, indo atender Acássio, bastante ferido. Os mortos foram cobertos com jornais até a vinda da polícia. Três mortes e um ferido. O preço da inconsequência.

Átila, o Espírito amigo, não conseguiu evitar o desastre. Urbino estava satisfeito.

— Quem é você, amigo? – perguntou-lhe Átila.

Urbino não ouviu a pergunta e tampouco viu a entidade de luz. Então, Átila, usando seu pensamento e vontade, adensou-se e repetiu a pergunta. Agora sim, Urbino pôde vê-lo e ouvi-lo.

— Amigo? Sai fora! Eu não tenho amigos.

— Acabou de arranjar um. Sou Átila, e serei seu amigo mesmo contra a sua vontade.

— Embora não seja da sua conta, vou lhe contar: esse cara aí me deve muito. Estou tentando me vingar dele há muitos séculos. Fugi da reencarnação a fim de não perdê-lo de vista.

— Não acha que as Leis de Deus se encarregam de dar a correção aos culpados? Que todos nós vimos errando e erraremos sempre até conquistarmos a nossa elevação espiritual?

O Espírito Urbino ficou indeciso. Por fim, replicou:

— Espero que não interfira. Estou no meu direito. Há muito tempo, ele destruiu minha vida. Minha pobre Saray jamais pôde ser feliz com a mácula que ele lhe impusera. E ele ainda não pagou pelo que fez. Sua punição tem sido muito branda ao longo das existências. Ele vem aprontando comigo desde há muito tempo. A última vez foi na França, onde ambos éramos pastores, e ele me roubou a noiva Isabelle. Cometi a besteira de suicidar-me e o perdi de vista. Agora o reencontrei e ele não me escapa.

Átila percebeu que não adiantaria, naquele momento, tentar convencer o tal Espírito vingador, pois ele parecia alienado. Havia reencarnado como pastor Herbert, como já narramos, mas o trauma sofrido na Idade Média o fazia girar em monoideísmo nocivo, e nada mais via que não sua Saray nos braços de seu suserano. Era Saray quem de fato ele amava, por isso não se detivera na existência em que fora noivo de Isabelle (a Lorraine, depois Martine do passado).

Átila silenciou e voltou a se concentrar em Acássio, que estava desacordado. O resgate chegou, e seguiram todos para o hospital, inclusive o Espírito vingador.

Quando procurou por Urbino, ou o ex-pastor Herbert, para orientá-lo, não o encontrou. Então, partiu para a colônia espiritual onde vivia e tinha funções na direção. Mas sempre orava pelo bem de Acássio, o antigo benfeitor, e também pela paz de Urbino. O amor pregado pelo Cristo Jesus é universal e independe da consanguinidade.

Capítulo 15

Hospitalizado

O QUARTO ERA IMACULADAMENTE BRANCO. UM CRUcifixo na parede e um corpo estendido sobre uma cama hospitalar. Uma enfermeira entrou com seus apetrechos e leu as informações sobre o paciente Acássio Lemes Neto: internado em... Acidentado... Medicamentos... Leve sedação...

A enfermeira verificou sua pressão arterial. Um pouco baixa. Colocou-lhe um termômetro debaixo de um dos braços e olhou assustada em torno de si mesma, tendo a nítida impressão de estar sendo observada. Mas estava só; pelo menos, não via ninguém.

Poucos sabem que muitos dos desencarnados permanecem aqui mesmo, no mundo dos chamados vivos. Muitos são socorridos no plano espiritual, mas, perturbados, lá não querem ficar, pois se sentem irresistivelmente atraídos para os seus familiares, amigos e inimigos. Acontece ainda que, muitas vezes, porque não compreende a vida espiritual, o encarnado reclama tão insistentemente a presença do desencarnado que este é atraído magneticamente a ele. É a chamada obsessão de encarnado para desencarnado. Compreendesse, aquele que ficou, a eternidade, a continuidade da vida espiritual e o poder do pensamento, em vez de desespero, ajudaria com suas preces. Saberia que amar verdadeiramente seus entes queridos que já se foram é orar por eles. O choro e a saudade são compreensíveis, mas o equilíbrio e a fé são imprescindíveis para o bem-estar, tanto do encarnado quanto do desencarnado.

A enfermeira, realmente, não se enganara. Ali estava o Espírito Urbino, cuja responsabilidade maior naquele acidente lhe cabia. Viera junto com o acidentado, pois queria ter certeza de que seu desafeto estava realmente morto e, caso contrário, terminar o trabalho que iniciara.

Com o paciente estava tudo em ordem, embora ele gemesse de vez em quando e se agitasse bastante, apesar de sedado. Parecia dialogar com alguém. Adentraram o quarto outros desencarnados desocupados que vagavam por ali. Nada os ligava a Acássio, mas ficavam sempre naquele hospital para se divertirem e, quando possível, sugarem os fluidos vitais dos moribundos. Na verdade, tais Espíritos desocupados iam de quarto em quarto a fim de se certificarem se alguém já entregara o corpo à mãe terra. Nesse caso, e, se o desencarnante não tivesse nenhum mérito espiritual, se sempre vivera apenas para a matéria sem se preocupar com questões espirituais, eles fariam um banquete com os fluidos energéticos ainda restantes no corpo.

Todos se perfilaram ao redor do leito de Acássio e, zombeteiro, um deles disse:

– Este aqui não se entrega tão cedo. Agarra-se à vida com unhas e dentes.

Urbino, então, percebendo que eram Espíritos-vampiros, apresentou-se:

– Olá, amigos.

– Amigos?! Quem é você? O que faz aqui em meu território? – disse com azedume o que parecia ser o líder.

– Meu nome é Urbino. Quero me vingar desse safado aí, pois ele me arruinou a vida em outros tempos. Aliás, eu sou o responsável por ele estar aqui.

– Como assim, responsável? Explique-se.

Urbino contou tudo o quanto se passara naquela existência passada, na Idade Média. Séculos haviam se passado, mas não o perdoara pela humilhação sofrida na noite que seria a glorificação de seu amor por Saray. Isso não esqueceria nunca, pois lhe queimava o peito como ferro em brasa.

– Está bem. Mas não pense que vamos chamá-lo para o *banquete* caso ele estique as pernas.

– Não tenho tal intenção.

– Então, pode ficar à vontade. Se puder colaborar, dando uma mãozinha para o safado abandonar logo o corpo, antes de acabar a energia vital, tudo bem.

– Fico-lhe grato.

Urbino se lembrou do tempo em que trabalhara nas trevas:

– Talvez pudessem colocar nele alguns ovoides[5] sugadores de energia?

O chefe pensou um pouco:

– Bem lembrado, ô malandragem! Faremos

---

[5] Ovoides são Espíritos em estado de profunda perturbação. Perderam a consciência de sua natureza humana. Perderam, ainda, pelo monoideísmo, a forma humana dos seus perispíritos. São utilizados pelos obsessores, que os aderem ao perispírito de quem querem obsidiar, levando-os à morte, pois tais ovoides são sugadores da energia vital do corpo material. (N.A.)

isso e vamos ver quanto tempo ele levará para vestir o "terno de madeira". Vejo que esse traste não é flor que se cheire. Veja sua aura escurecida. Parece que não tem muitos amigos da luz para velar por ele. Melhor para nós. A luz tem nos dado muito trabalho ultimamente.

Risos.

– Pode deixar comigo. Sei onde recolher ovoides. Quantos devo trazer?

– Uns três serão suficientes. Mas prefiro que meus auxiliares façam o serviço – *"Esse cara não me parece confiável para tanto. Quem pode me garantir que não está aqui a serviço da Luz, disfarçado de inimigo? E que, daqui a pouco, não nos dará uma rasteira e levará o cara embora?"* – pensou.

Autorizada a colocação de ovoides em Acássio, o bando saiu dali e entrou em outro quarto. Deitada sobre a cama, estava uma mulher moribunda. Era uma senhora de mais ou menos sessenta anos. Seu estado espiritual era de dar medo. Estava consciente, embora a perturbação mental. Brigava com alguns desencarnados que a perturbavam. Tratava-se de Lucrécia, que, desde os quinze anos de idade, levava vida promíscua e praticava abortos em si mesma. Já havia descartado, por essa via, mais de vinte fetos. Em sua aura, viam-se manchas escuras envoltas por um halo sanguíneo.

Outros Espíritos vingativos também ali se encontravam.

— Lucrécia, não pense que vai se safar assim tão fácil. Lembra-se de que eu lhe implorei para nascer? E você não teve piedade. E eu já havia sido sua irmã carnal em outra existência. Eu a criei como filha querida do coração, e você... quando eu precisei... expulsou-me sem dó.

— Saia daqui, satanás. Não me lembro de nada disso.

— Se tem algum satanás aqui é você, Lucrécia. Claro que você se lembra de mim. Ainda agora você pensava em mim. Mas, apesar disso, não vejo arrependimento nenhum em seu coração empedernido.

— Nunca quis ser mãe! Será que Deus não sabia disso?

— Nada sei sobre Deus. Mesmo desencarnada nunca o vi. E se você não queria ser mãe deveria ter evitado. Agora, mal posso esperar para levá-la aonde merece estar. Vamos! Deixe de ser covarde e abandone o refúgio material!

Muitas pessoas acham que basta desencarnar

para se encontrar com Deus, os santos e os anjos. Iludem-se com um Céu que, absolutamente, nada fizeram por merecer. O Céu não é um lugar geograficamente demarcado no mapa astral. Céu é a designação que se dá aos mundos felizes. "Há muitas moradas na casa de meu Pai" – ensinou-nos o mestre Jesus. Assim também é o inferno, uma região de sofrimentos. Na verdade, como nos ensina a Doutrina Espírita, o Céu ou o inferno nós o trazemos dentro de nossos corações; é um estado de alma.

Lucrécia se debatia enquanto outros Espíritos também a acusavam:

– Aí está a feticida. Se você não tivesse me abortado, agora eu estaria aqui zelando e orando por você. O que ganhou? Adquiriu essa doença maldita pela vida imoral que sempre levou. Pensou que fosse eterna? Que nunca chegaria o dia de prestar contas? Ah, ah, ah... Saia desse corpo imundo! Venha até nós, que agora é a nossa hora de estraçalhar você como você nos estraçalhou!

A revolta transformava a fisionomia dos Espíritos cobradores. Como rajadas de metralhadora, seus pensamentos, unidos à vontade de maltratar a doente, atingiam-na em forma de raios e formas-pensamento trevosas. Sua mente confundia-se entre a realidade e o imaginário.

Mas alguém orava em seu favor, e ela teve um momento de lucidez:

— Perdão. Peço perdão. Não quero morrer! Tenho medo! Perdão. Perdão.

— Agora é tarde. Pode parar com as lamúrias. O que a move não é o arrependimento ou a fé, mas o medo. E não sou Deus para perdoar.

— E tem mais — alardeou aquela que lhe fora irmã em outra existência -, estou frequentando, a contragosto, é verdade, um Centro Espírita. Uma casa de bons samaritanos. Eles estão tentando me fazer desistir de perturbar você. Imagine que tem lá um Espírito para quem você foi boa uma vez e que ora em seu benefício, pedindo que a ajudem. Custo a acreditar que isso seja verdade. Você, alguma vez, ajudou a alguém? Só vendo para crer.

Outra entidade, de olhar feroz, disse raivosa:

— Eu também já fui levada a um Centro Espírita, e, por pouco, eles não me convenceram que perdoar é um ato inteligente. Argumentaram que só perdoando nos livramos do inimigo e nos sentimos mais leves e felizes. Disseram que o ódio também une as pessoas. Já se viu semelhante asneira? Se desisto, quem vai punir essa daí? Ela matou muita gente. Alguns a perdoaram, mas eu não!

– Eu também não perdoo. Naquela casa espírita, disseram-me que o perdão não se processa como pensamos. Mesmo que nós perdoemos e sigamos nosso caminho, o criminoso não poderá fugir do acerto de contas. O perdão, disseram também, não livra aquele que errou de expiar a falta e de consertar o erro. Disseram que a Justiça Divina alcança os devedores, por mais bem escondidos que eles estejam. Confesso que fiquei confusa...

– Prefiro eu mesma me vingar. É mais garantido, e eu terei o meu prazer na desforra.

Lucrécia ouvia com surpresa aquela novidade.

"Para quem será que eu fiz um bem e que agora pede ajuda para mim? Eu, realmente, não me lembro..."

Com a mão espalmada sobre a cabeça de Lucrécia, um Espírito orava com fervor.

O bando, que deixara o quarto de Acássio e ali entrara, expulsou aquelas entidades infelizes e vingativas. Ninguém viu o bom Espírito em preces e acercaram-se da cama de Lucrécia, que, naquele momento, chorava. Arrependimento? Ainda não. Simplesmente medo de enfrentar o desconhecido.

O líder do bando examinou-a sem que ela percebesse.

– Essa daqui não passa desta noite, apesar de

que, mesmo esquálida, tem ainda uma boa reserva de fluido vital. Vamos ficar atentos.

– Mas temos de chegar primeiro que os outros. Esta ala é muito visitada por sugadores.

Lucrécia pensou novamente no Espírito bom que, conforme dissera aquele outro, o acusador, tentava ajudá-la. Quem seria? Por mais que se esforçasse não se lembrava de quem poderia ser.

Assim, tentando se lembrar, ficou em um estado de semiconsciência que precede a morte e percebeu, ao seu lado, uma entidade em forma quase infantil, que lhe afagava as mãos e orava por ela. Em esforço sobre-humano, perguntou:

– Quem é você? O que faz aqui?

– Sou Amelinha. Lembra-se de mim?

Lucrécia procurava se lembrar. Onde conhecera aquela adolescente que tão amorosamente lhe falava? Aquele Espírito, carinhoso e sensível, esclareceu-a:

– Já faz doze anos. Fui atropelada em frente a sua casa. Foi em 1995, num dia de muita garoa...

Lucrécia, então, lembrou-se:

– Agora me lembro! Você não resistiu aos ferimentos e morreu. Mas... se você morreu, como pode estar aqui falando comigo? Será que eu também morri?! Santo Deus... é isto: morri e estou falando com uma morta! Socorroooo!

Amelinha esboçou um sorriso pela indignação cômica da doente:

— Não tenha medo. Na verdade, ninguém morre. Eu apenas voltei para meu verdadeiro lar. Meu corpo físico ficou aqui, enterrado e pranteado pela família e amigos, mas eu, Espírito, estou mais viva do que nunca. E grata a você pelo que fez por mim.

— Mas eu não fiz nada! Sempre fui muito egoísta. Sempre só me preocupei comigo mesma... Ouço vozes que me acusam... Não adianta nem tapar os ouvidos... É horrível! Sei que fui má, que matei fetos, mas... estou arrependida.

— Minha amiga, o arrependimento é bom e necessário, porém não nos desobriga de corrigir nossos erros. Mas não pensemos nisso agora. O que importa é que você muito me ajudou, um dia. E é por tal caridade, em missão de gratidão e amor, que estou aqui a orar por você.

— É que... realmente, não me lembro.

O bondoso Espírito olhou-a com ternura e disse:

– Vou ajudá-la a se recordar: quando o carro me atropelou, você estava saindo de sua casa para uma consulta médica. Correu até a calçada onde jazia meu corpo ensanguentado e morto. Sentou-se e tentou me reanimar, sem, contudo, ter sucesso, pois minha vida terrena acabava ali. Então, voltou a sua casa e apanhou um lençol, com o qual me cobriu. Afastou os curiosos e sentou-se na calçada, colocando minha cabeça em seu colo. Senti suas lágrimas caindo sobre mim e o murmúrio de uma prece extraída das profundidades de sua alma.

Quando o resgate chegou e meu corpo foi levado, você ficou vibrando pela minha paz. Pediu a Deus por mim. Meu anjo da guarda carregou-me nos braços e, percebendo o quanto você me fazia bem, acomodou-me no seu quarto de hóspedes, onde permaneci até melhorar e ser encaminhada a um posto de assistência espiritual.

À noite, enquanto seu corpo material dormia, você ia até onde eu estava. Ajoelhava-se e orava por mim. Meu guia espiritual aproveitava, com seu consentimento, as energias materiais bondosamente doadas por você para meu restabelecimento. Fiquei lá por algum tempo. Muito me beneficiei com suas doações. Por isso sou-lhe tão agradecida e jamais vou esquecer seu gesto de amor fraterno.

– Mas se fiz essa caridade... por outro lado tenho cometido crimes... Já perdi a conta de quantos abortos cometi. Ainda há pouco, alguns deles estavam aqui me acusando, esperando minha morte para se vingarem.

– Realmente, foi um erro tais abortos e eu sinto por você. Muitas vezes quis impedi-la, mas não foi possível. Porém, Lucrécia, Deus é Pai amoroso. Arrependa-se. Ore muito. Peça perdão. Pratique a caridade. Comprometa-se a ajudar todos os que foram prejudicados, impedidos de renascer.

– Não sei se poderei... Minha amiga... você me ajudará a fugir de meus acusadores? Poderá me levar contigo? Não terei medo de morrer se você estiver comigo.

A jovem desencarnada pensou um pouco:

– Infelizmente, só o que poderei fazer é estar por perto, orando e pedindo ao Pai que zele por você, que no fundo tudo fez por ignorância, por desconhecer que a vida pertence a Ele e que não temos o direito de interromper seu processo.

– Disseram-me que havia alguém pedindo por mim em uma casa espírita... Seria você? Acha que eles poderão me ajudar?

– Eu tenho solicitado a ajuda deles. Trabalho

naquela casa há oito anos. Sou parte dos trabalhadores espirituais no serviço de caridade e esclarecimento. Todos estão ajudando na sua conscientização, e eu, na medida do permitido, tenho estado ao seu lado.

– Como posso lhe agradecer? Sei que não mereço, mas...

– Não alimente pena de si mesma. Mude seu modo de pensar e confie. Disponha-se a fazer mudanças e não desanime com as dificuldades, que certamente encontrará no seu caminho.

– E os Espíritos vingadores?

– De certa forma, inibo seus ataques. A prece e a presença dos médiuns nos trabalhos intercessórios estão impedindo que Espíritos sugadores, os vampiros do astral, tomem de assalto seu corpo a fim de sugarem seu fluido vital.

Lucrécia ficou pensativa. Começava ali seu arrependimento. A justiça é inexorável, e todo plantador receberá a colheita que plantou, porém a Bondade Divina estará sempre presente.

– Agora repouse. Ficarei aqui a zelar por você, como um dia você zelou por mim.

Naquela noite, Lucrécia desprendeu-se do

corpo físico. Imediatamente foi atacada por alguns dos Espíritos que ela impedira de nascer. Amelinha assistia de longe a ação dos vingadores, todavia, não tinha autorização para intervir. Deus não criou a dor ou o sofrimento, mas permite que eles cumpram seu papel, que é o de educar.

Os vampiros do astral, ao se depararem com o corpo morto, quiseram profaná-lo, mas Amelinha, colocando a cabeça de Lucrécia no seu colo e orando muito, como ela lhe fizera um dia, impediu a agressão. Tanto orou que eles saíram maldizendo a sorte: *"Maldição, essa é protegida da luz. Vamo-nos daqui antes que sobre para nós"*.

Capítulo 16

Premonição

ENQUANTO ISSO, EM SUA CASA, A MÃE DE ACÁSSIO acordou assustada. Não sabia, ainda, do acontecido. Correu ao quarto do filho. A cama ainda não fora desfeita. Com maus pressentimentos, chamou o marido:

– Arthur... Acorde. Acássio ainda não voltou e já é muito tarde.

– Ahn... mulher. Esqueci de avisar. Ele me telefonou. Disse que não viria pra casa hoje; que iria direto para uma balada e só retornaria no sábado... tipo quatro horas da manhã.

– Essa juventude de hoje não preza nem um pouco a saúde. Depois de um dia de trabalho, o melhor lugar é a casa, para descansar. Mas vai pôr isso na cabeça do Acássio.

— Ora, Iracema, ele é homem feito. Barbado. Solteiro. Tem mais é que aproveitar a vida.

— Meu conceito de aproveitar a vida é outro...

— Agora sossegue. Ele está bem. Vamos dormir.

— Estou trêmula. Com maus pressentimentos, Arthur. Não quer ligar no celular dele?

— Iracema... Dá um tempo, minha velha! Ele vai ficar furioso com nossa intromissão na vida dele. Os amigos vão "tirar o maior sarro". Sabe o tamanho do pavio que ele tem.

— É. Acho que nem pavio tem.

Iracema não se deitou. Ficou na sala, às escuras. Orou e pediu insistentemente a ajuda do Espírito Bezerra de Menezes, em quem tinha fé e admiração. Algo avisava seu coração de mãe, que o filho corria perigo.

Arthur também perdera o sono. Quis parecer calmo a fim de não preocupar a esposa, mas ficou tão preocupado quanto ela. Virava na cama e não mais conseguia dormir. Pela madrugada, o telefone tocou. Iracema deu um pulo, mas, antes de atender, percebeu que Arthur já o havia feito:

– Alô? Pois não? Quem está falando?

– O senhor é parente de Acássio Lemes Neto?

– Sou o pai dele. O que aconteceu com meu filho?

– Quem está falando é o enfermeiro Dantas.

O coração de Arthur ameaçou sair pela boca. Iracema, pálida, encostou o ouvido no aparelho telefônico na tentativa de também ouvir.

– Não se assuste. Está tudo bem...

– Por favor! Fale de uma vez. O que aconteceu com meu filho?

– Ele sofreu um acidente, mas já foi socorrido e passa relativamente bem.

Iracema sentiu as pernas bambearem e se sentou na cama. Tremia. A boca amargou. Sentia o coração disparado e uma sensação de cair no vácuo.

– Por favor, tome nota do endereço do hospital.

Enquanto Arthur anotava o endereço, Iracema lembrou-se da premonição e sentiu-se pior. Minutos depois, chegavam ao hospital. Não se contiveram ao ver o filho estirado no leito, de olhos fechados, rosto e braços escoriados. Lamentaram profundamente que, pela imprudência do filho, três jovens haviam tido morte horrenda. Lamentaram também a dor daquelas mães, quando soubessem que não mais poderiam abraçar e beijar seus filhos. Sofriam a dor alheia e se perguntavam se teriam falhado na educação de Acássio. Mas não! A mesma educação que deram a Maria Teresa, a filha mais nova, deram também a ele. E a filha era meiga, delicada, responsável, só trazia felicidade a todos. Estava praticamente noiva de um bom rapaz.

Na missão de pais, nem sempre sondamos as tendências dos filhos. Há os que já são dóceis por aquisições espirituais anteriores e, mesmo às adversidades, sabem se conduzir, mas há também os imaturos e rebeldes. Então, a educação tem de ser mais primorosa e exigirá mais amor, renúncia e energia dos pais e educadores. Há ainda a questão de merecimento. Acássio, em existências passadas, tivera como mãe uma mulher cujo Espírito começava a galgar os degraus da santidade. Era Filipa que, dedicada ao extremo, muito sofreu com a dureza do coração dele, então na personalidade de Jean Louis, de quem já falamos.

Depois daquela existência como Conde Jean Louis, ele ficou vagando nas trevas por muito tempo. Tivera, como já narramos, outras reencarnações, mas bem pouco progrediu. O Espírito Filipa, que lhe fora mãe dedicada em uma dessas existências, foi orientado a se afastar dele por algum tempo, pois o mesmo, Espírito endurecido e renitente no mal, não lhe merecia o amor e a dedicação maternos. Quase sempre carecemos da amiga dor para evoluir; para valorizar as boas companhias espirituais. Assim, Jean Louis, agora Acássio, não mais mereceu ter como mãe aquele nobre Espírito ligado a ele pela bondade de Deus. Depois de algum tempo, Filipa recebeu novamente autorização para viver ao seu lado. Desta vez, renasceu como sua irmã Maria Teresa.

* * *

O Espírito Átila estava tentando amenizar a dor e o desconforto de Acássio, quando percebeu a presença de Urbino. Primeiramente, fez uma prece pedindo a Deus que ajudasse também aquele sofredor, que ali estava com o propósito de se vingar. Adensou-se para ser visto e ouvido e, serenamente, interpelou-o:

– Urbino, meu irmão... Não se avilte rebaixando-se à condição de vingador. Veja como ele está sofrendo. Veja o que lhe restou da nobreza e da riqueza de outra existência. Hoje, como Acássio, ele é um trabalhador honrado, bom filho, mas não é feliz. Sente um vazio no coração e fome de amor sincero. O presente tem-lhe cobrado os erros do passado.

– Não tenho nada a ver com isso. Só quero que ele sofra muito pelo que me fez.

– Saray, sua esposa querida do passado longínquo, espera por você... ela própria já perdoou seu suserano de tempos atrás, hoje, este pobre que aí está lutando contra a morte.

– Ela pode ter perdoado... as mulheres são fracas e se esquecem das coisas com facilidade, mas eu jurei que não teria sossego enquanto não me vingasse do maldito Conde. Ela que se lembre do ultraje que sofremos desse maldito destruidor de lar.

E pela mente atormentada de Urbino passaram-se as cenas do seu casamento. Saray, a esposa querida, arrebatada de seus braços tão logo se casaram. O inferno de saber que aquela noite, que deveria ser sua e de Saray, fora do Conde. A filha Martine, que deveria ter sido fecundada por ele, o fora pelo Conde. Filha da violência... Filha do pecado. Ele, que tanto já possuía, ainda não satisfeito, raptara-a, tirando-a de seu convívio. Como perdoar? Não! Já há muito o seguia, impedindo-o de ser feliz e estimulando-o a todos os vícios.

O alvinitente Espírito impregnava de amor suas palavras. Sabia muito bem que não são as palavras declinadas que operam mudanças, mas o amor que nelas vibramos.

– Urbino... na ânsia da vingança, esqueceu-se de viver a própria vida. Vive a vida de Acássio. Tem noção do tempo que já se passou desde aqueles tempos do final da Idade Média até aqui? Vocês já tiveram outras reencarnações, e continua a repisar lembranças daquela que já se perde no passar dos séculos?

– É que foi aquela existência que gerou o ódio que lhe tenho até hoje. Você não sabe o tormento que é saber que a esposa, a mulher amada, está nos braços de outro homem... que a noite que deveria ser sua, outro a desfruta. Não! Jamais perdoarei tal afronta!

Átila o olhou com piedade. Compreendeu-o. Sentiu sua revolta e não desistiu de ajudá-lo:

– Olhe para você. Veja quanta treva o rodeia, meu filho! Percebe que já começa a perder a forma humana? Desconhece que muito tempo no mal, cultivando as mesmas ideias, pode vir a nos reduzir a ovoides? À degradação da forma humana... do perispírito?

– Não quero saber. Não me interessa o que você está falando. Nada entendo dessas coisas estranhas... Não acredito em Deus, nunca O vi depois de morto, então Ele não existe. Se existisse, esse maldito Conde já teria sido muito mais castigado pelo que fez.

– Deus existe. Ele é a própria vida. Não temos, ainda, desenvolvimento psíquico para entender tal grandeza. Nossa mente é limitada e falta-nos o sentido necessário para isso, mas um dia O compreenderemos. Por ora temos a percepção de Sua existência pelos efeitos inteligentes que regem o Universo. Não há efeito sem causa, temos aprendido. Veja aqui – e retirou um livro de bolso de seu jaleco.

– Não entendo um Deus que não se mostra.

– Aí está seu erro. Ele se mostra sim. Basta contemplarmos o céu, o Universo com seus milhões de galáxias, planetas, sóis, tudo girando harmoniosamente. Basta ver a beleza das flores, suas fragrâncias... os pequenos grãos de areia que formam extensas praias... o grandioso mar, fonte de alimentação... Basta olharmos para nosso corpo, formado por trilhões de células inteligentes, cada qual se desenvolvendo conforme a necessidade da geração de tecidos, os mais diversos, que geram órgãos, que compõem os sistemas, que, por sua vez, mantêm a vida.

Urbino se perdia em dúvidas. Queria acreditar, mas o ódio era maior. Átila continuou:

– Em "O Livro dos Espíritos", capítulo I, encontramos:

1-Que é Deus?

Resposta: Deus é a inteligência suprema, causa primeira de todas as coisas.

Logo a seguir, vamos encontrar: PROVAS DA EXISTÊNCIA DE DEUS.

– Onde podemos encontrar a prova da existência de Deus?

Resposta: Num axioma que aplicais às vossas Ciências: não há efeito sem causa. Procurai a causa de tudo o que não é obra do homem, e vossa razão vos responderá.

"Para crer em Deus é suficiente lançar os olhos às obras da Criação. O Universo existe; ele tem, portanto, uma causa. Duvidar da existência de Deus seria negar que todo efeito tem uma causa, e adiantar que o nada pôde fazer alguma coisa".

O Espírito vingador, indiferente no início,

mostrava, agora, interesse. Átila falou mais sobre Deus e Suas Leis Divinas.

Infelizmente, raramente o ser humano medita nas questões transcendentais e, mais raramente ainda, está disposto a aprofundar questões espirituais. É mais fácil se acomodar, pois, se vier a compreender, terá de mudar e mudar dá trabalho.

– Urbino, você era, naquela ocasião, um bom servo e teria progredido muito se não fosse o desejo de tomar a justiça em suas mãos. Meu amigo, nós não temos qualificação para julgar ninguém! Vemos só um lado dos acontecimentos. Você, que tanto odeia Acássio, sabe, por ventura, o que já fez a ele em outra existência? Você e Saray?

– Eu nada lhe fiz. Era seu vassalo e sempre trabalhei com honestidade. E o que Saray tem a ver com isso? Sempre foi boa e pura. Não merecia o que o Conde lhe fez àquela ocasião.

– Está enganado. Como na passagem evangélica, vê o cisco no olho do outro e não a trave que está no seu. Se confiasse mais em Deus, teria abrandado seu coração e perdoado, pois não está de inocente nesse drama. Por isso mesmo, aquela reencarnação lhe seria muito proveitosa. Mas, em vez de ter fé em Deus, de confiar Nele, como sua esposa confiou, a cada dia que passa, mais o ódio corrói sua alma.

– Agora posso até admitir a existência de Deus, mas jamais vou esquecer que esse que aí está, sofrendo por sua própria insensatez, roubou-me a paz doméstica.

– Assim como você roubou a dele, um dia.

– Que está dizendo? Eu nunca fiz nenhum mal a ele.

– Fica nesse emaranhado de acusações e não olha para seu passado, irmão.

– Que tem o meu passado? Até onde sei, nunca fiz nada de errado... Se Deus existe mesmo conforme esse seu livro diz, ele deve saber disso.

– Aí é que se engana, meu amigo. Já cometeu crimes bárbaros ao longo de sua evolução. Você era um devedor de Acássio, e ele, com todas as suas imperfeições, não se vingou, naquela ocasião.

– O que você está dizendo?!

Átila achou que já estava na hora de aquele Espírito saber sobre seu próprio passado para ajudar o presente e libertá-lo no futuro, porém, antes de prosseguir, fez uma prece mental. Depois envolveu Urbino com amor fraternal:

– Deus, nosso pai criador, não quer a morte do pecador, mas sua regeneração. Já muito tempo se passou. Prepare-se para saber a verdade; saber que você não está inocente; que o que lhe aconteceu foi muito pouco para o que fez a Acássio e que desencadeou toda uma série de reações negativas e dolorosas. Acredite, Urbino. As consequências foram até muito brandas para você.

O obsessor tremeu. Na verdade, bem nas regiões abissais da alma, a consciência o acusava de algo nefasto. Átila continuou:

– Bem antes dos acontecimentos vividos no fim da Idade Média, você e Acássio, que então se chamava Mateus, eram velhos amigos. Mateus tinha uma bela mulher e viviam felizes. Essa felicidade passou a lhe incomodar e, então, começou a olhar para a esposa do amigo com certa paixão, que atribuiu a amor. Sempre que Mateus se ausentava, ia, dissimuladamente, visitar-lhe a esposa. Levava-lhe sempre algum agrado na esperança de conquistá-la. A mulher, porque sempre sozinha, pois o marido nunca parava em casa, carente de afetos para a alma imatura, foi-se deixando cortejar por você. E, na ilusão de ser feliz ao lado de alguém que realmente a amasse, deixou-se envolver em um relacionamento mais íntimo.

À medida que Urbino ouvia, ia empalidecendo. Era como se as cenas voltassem, cheias de vida e de acusações. Átila continuou:

– Então, você resolveu agir. Não suportou ver a mulher amada, que também o amava, sendo infeliz ao lado de outro. Assim, elaborou um plano diabólico: Mateus estava caçando. À tardinha, estava voltando para casa quando foi mortalmente atingido com uma faca nas costas. Ficou ali, rebolcado em lama e sangue, morrendo algumas horas depois.

Você, o autor do crime, foi até a casa da vítima e, fingidamente, perguntou por ele, dizendo à mulher que pretendia mudar-se dali e vinha se despedir, pois que partiria na manhã seguinte. A mulher chorou, mas nada fez para impedi-lo, pois a consciência já lhe começava a exprobrar-lhe o procedimento infiel.

Você, amigo, ficou em casa esperando o desenrolar dos acontecimentos e, como as horas passassem e nada de o marido aparecer, a mulher, aflita, foi procurá-lo e lhe contou que o marido ainda não voltara para casa. Saíram os dois em busca daquele marido atraiçoado, que foi encontrado com o corpo coberto de formigas. Você a consolou devidamente. Ela jamais suspeitou de que o assassino havia sido você. Depois de algum tempo, casaram-se. Por dor de consciência e também pela paixão desvairada, sempre a tratou bem, conquistando-a para sempre. Urbino estava em choque. Sabia que era verdade o que Átila lhe contava, pois já vira tais cenas no seu inconsciente e, muitas vezes, ao olhar para Acássio, via o antigo amigo traído por ele, o jovem Mateus. Mas repudiava tais pensamentos e se negava a pensar neles.

– E agora, Urbino? Ainda se acha no direito de exercer vingança? É puro o suficiente para atirar a primeira pedra? E Saray? Não teceu as teias que a envolveram no triste episódio do casamento? Não era grande devedora de Mateus, hoje Acássio? Qual dos crimes foi mais deplorável?

– Que Deus me perdoe... Tenho também minhas mãos manchadas de sangue. Pobre Saray. Quando souber a verdade, não vai me perdoar.

Átila sorriu e disse:

– Ela espera por você há muito tempo. Tem esperado pacientemente a sua transformação. Já o perdoou faz tempo, porque também o ama. Espere um pouco. Não se vá agora, pois ficará feliz quando vir uma pessoa – e saiu, voltando em alguns minutos e trazendo Saray.

– Saray! Minha amada! Você sabe o que fiz a você e ao seu marido num passado distante?

Saray abraçou-o. As lágrimas desceram por suas faces. Quando conseguiu, falou:

– Urbino, se você não fosse tão vingativo, se tivesse mais amor e compreensão no seu coração, há muito tempo seríamos felizes. Você fugiu das reencarnações; separou-se de mim pelas vibrações grosseiras... Mas agora tudo já passou. Perdoemos de coração nosso irmão Acássio, o marido que eu não soube honrar naquela existência distante. Embora traído por mim e por você, que era o melhor amigo dele, ele nunca quis se vingar de você pela morte impiedosa que lhe impôs... que nós lhe impusemos. Então, fomos nós que iniciamos o cultivo do espinho que nos feriu e lhe fere ainda. Nós mesmos fizemos o nosso destino infeliz. Tenho aprendido que não só o amor une as criaturas, mas também o ódio. Na existência em que ele foi o Conde Jean Louis, que roubou e infelicitou nossa noite de núpcias, foram as lembranças desses nossos crimes que o estimularam àquela insanidade. E devemos reconhecer que merecíamos bem mais do que o que ele nos fez, pois, afora o ato infeliz, sempre nos ajudou naqueles tempos de miséria e fome.

Urbino deixou que as lágrimas contidas escorressem pelas suas faces. Saray abraçou-o, lamentando o estado deplorável em que ele se encontrava. Nem de longe parecia o jovem camponês que fora seu marido.

Depois, agradeceram, e, antes de partirem, Átila lhe deu o "O Livro dos Espíritos", recomendando que ele o lesse com atenção.

Saray, abraçando carinhosamente Urbino, pretendia levá-lo a um posto de pronto-socorro espiritual para que ele fosse tratado, pois que seu corpo perispiritual já se encontrava em processo degenerativo pelo monoideísmo nocivo.

– Nunca se esqueça, Urbino, que devemos perdoar sempre para que Deus também nos perdoe. Ainda não temos acesso a todo nosso passado espiritual. Pode ser que novas surpresas nos surjam ao longo do caminho e que, mais do que nunca, precisemos do amor e do perdão de Deus – disse Átila.

Foram as palavras finais daquele nobre Espírito para um equivocado sofredor.

Capítulo 17

A aflição dos pais

URBINO LAMENTOU TER DADO A IDEIA DE SE COLOCAR ovoides no perispírito de Acássio a fim de levá-lo à desencarnação. Mas já agora nada mais poderia fazer em relação a isso. Conversando com Saray, esta lhe sugeriu buscar ajuda com os Mensageiros da Luz, que haveriam de providenciar a retirada dos pobres Espíritos sem forma e alienados.

Arthur, agora, conversava com o médico, que lhe explicava a situação do jovem:

– Como ele está, doutor?

– Ele está dentro do que se pode dizer normalidade. Acordou muito agitado e precisamos sedá-lo. Amanhã, vamos iniciar os exames necessários. Felizmente, a coluna foi preservada.

– Diga-me, doutor... ele está completamente fora de perigo? – perguntou a mãe, que não escondia a aflição.

– Pode ficar tranquila. Ele é jovem e forte. Vai superar tudo isso.

– Os três rapazes estão mesmo mortos? Que fatalidade, meu Deus!

– Infelizmente. Não houve nem tempo de lhes prestar nenhum socorro. Morreram na hora. As famílias estão desnorteadas.

O médico foi chamado para atender outro caso. Iracema chorava enquanto acariciava o rosto do filho.

– Vamos embora. Nada podemos fazer. Ele está bem e, com a graça de Deus, logo voltará pra casa – disse Arthur, desconsolado, enquanto pensava que os pais dos jovens mortos não teriam a mesma sorte.

– Vou fazer uma promessa para Nossa Senhora Aparecida.

– Faça. Só não sei se vai adiantar.

– Tenho fé que adiantará.

– Sabe o que penso de promessas?

Iracema olhou-o através das lágrimas abundantes que vertia. Arthur estava um pouco mais equilibrado.

– Promessa... Faça quantas quiser, mas, em minha opinião, fazer promessas é querer negociar com Deus. Iludi-Lo. Querer privilégios.

– Eu não quero privilégio. Você está sendo radical, Arthur.

– Não estou não, Iracema. Veja... E a responsabilidade dele como é que fica? Acaso ele não sabia que dirigir alcoolizado é chamar desgraças a si mesmo? Quantas vezes conversei com ele a esse respeito?! E o que ele dizia? Eu lhe digo o que ele dizia: "Eu sei, pai. Comigo não acontecerá nada de ruim. Sou tão bom no volante, tanto sóbrio quanto bêbado". E ria.

– Não diga isso, Arthur. Ele está sedado, mas poderá ouvir.

– Se ouvir será bom pra ele já ir pensando na asneira que fez.

– Ave Maria... até parece que você está torcendo contra!

– Você sabe que não. Mas não sou tão alienado que não veja os defeitos dele.

Iracema nada mais disse. Ficou emburrada com as verdades ditas pelo marido, que continuou:

– Creio que promessas são válidas quando a intenção é nos tornarmos melhores. Façamos promessas para sermos mais pacienciosos, mais compreensivos, mais tolerantes, enfim – como sempre diz Maria Teresa –, promessas para sermos cada vez melhores, espiritualmente falando. Ela diz sempre que a primeira coisa que se aprende lá na casa espírita que frequenta é a necessidade da reformulação interior. E a promessa, saiba, Iracema, não vai alterar os planos da justiça. Nosso filho errou feio!

– Arthur, não vou me ofender com suas palavras, porque sei que é o sofrimento quem o faz falar assim. Mas se crê tanto nisso, por que não vai ao Centro com Maria Teresa? Por que prefere ficar assistindo às novelas e ao futebol?

- O marido não respondeu. Iracema estava certa. Se acreditasse e cresse, realmente, acompanharia a filha e tentaria convencer a esposa a acompanhá-los. Aliás, não teria muito trabalho nisso, pois a melhor prova da eficiência de qualquer filosofia de vida, de qualquer religião, é sua transformação para o bem. Infelizmente, não raras vezes, não compreendemos o Espiritismo e acreditamos que parecer ser espírita já é suficiente. Ignoramos que tal Doutrina não valoriza exterioridades. A mudança carece vir de dentro para fora e de nada vão adiantar os passes ou ouvir boas palestras se continuarmos a viver a criatura maldosa, irascível, maledicente, enfim, incoerente com o que está aprendendo.

Arthur estava ressentido. Amava o filho, mas tinha noção exata de que ele sempre fora um irresponsável. Também percebeu que ele poderia ter sido um pai mais presente e enérgico. Enquanto vigiava com mil olhos a filha, era míope em relação ao filho. "Acássio é homem, tem de ter suas experiências" – dizia todas as vezes que a mulher tentava coibir qualquer coisa que julgava inadequada.

Pela primeira vez, teve noção exata de que fora um pai ausente e demais permissivo. Depois, passou a mão na testa do filho:

– Não sei como ele reagirá ao saber que, por sua irresponsabilidade, ceifou três vidas na flor da juventude. Ele vai ter de responder juridicamente por isso. *"Por uma imprevidência, arrebentou sua vida. Não morreu, é certo, mas o que poderá esperar do futuro? E se for condenado...?"* – pensou.

– Meu Deus! Por que esses jovens de hoje são tão imaturos? Acássio já deveria estar namorando sério, pensando no futuro... e nada disso teria acontecido. Já tem idade, deveria formar uma família... Antigamente os filhos não davam tanto trabalho – disse a mãe.

A enfermeira entrou, e eles se calaram. Fez o que tinha de fazer e saiu tão séria quanto entrara.

– Tenho a impressão de que essa enfermeira não gosta nem um pouco de nosso filho. Percebo como ela o olha!

– Também já percebi. Pela manhã, ela disse que a falta de respeito para com a vida é que tem levado as pessoas à imprudência.

– E devemos admitir que ela tem razão, Iracema. Infelizmente.

Capítulo 18

A morte nunca avisa

EM FICANDO ACÁSSIO NO HOSPITAL, O ESPÍRITO Átila voltou a seus afazeres. Outras criaturas necessitavam de seu trabalho. Fazia bastante tempo que estagiava naquela colônia do umbral. Ali se sentia útil aos infelizes e, mesmo merecendo estar em planos mais altos, deixava-se ficar ali por amor àqueles infelizes.

Na noite dos tristes acontecimentos com Acássio, ele estivera também ao lado dos jovens atropelados e mortos. Tentara os desligamentos, mas não pôde libertá-los dos liames ainda densos que os prendiam ao corpo físico. Eram viciados. Iniciaram-se na maconha, passaram para o *crack*; depois, para a cocaína.

Átila socorreu-os como pôde, mas continuaram presos aos despojos com ímpar sofrimento. Depois, Espíritos vulgares e em grau superlativo de materialidade, de animalidade, lançaram-se sobre eles. Os restos mortais estavam repletos do fluido vital, a seiva da vida, e eles disputaram cada centímetro daqueles despojos. Depois de algum tempo, outros chegaram. Mais medonhos ainda. Perispíritos transmudados para feição de animais selvagens[6] a fim de aterrorizar tanto encarnados quanto desencarnados. Expulsaram os que ali se achavam e também, quais lobos famélicos, investiram sobre os despojos ensanguentados. A cena em nada perderia para o mais famoso pintor do macabrismo.

Átila ainda pôde ver e se condoer daquela situação, que, entretanto, era comum na vida daqueles Espíritos ainda distanciados de Deus. Fez sentida prece por eles e se foi rumo a seus afazeres. Deus saberia encaminhar aqueles infelizes. "Nenhuma ovelha se dispersará do rebanho." – afirmou Jesus.

Os acidentados ficaram ali por determinado tempo, enquanto aquilo que fora seus corpos materiais eram levados para o necrotério do mesmo hospital onde Acássio se encontrava internado, como já narramos.

Um deles, o mais jovem, acordou perturbado

---

[6] Zoantropia. (N.A.)

e não entendeu nada do que se passava. Tratava-se de Leonardo que, por ser menor de idade, nada sofria na justiça dos homens, pelas vidas que tirara. Já fora preso várias vezes, era egresso da Fundação Casa e seus pais já haviam desistido de tentar modificá-lo. Se já estava psiquicamente prejudicado pelo uso das drogas, se seu perispírito já estava com as sequelas inevitáveis do vício, agora, mesmo desencarnado, chegava às raias da loucura. Debatia-se. Gritava. Babava... Sempre pedindo por droga. Era a crise da abstinência, que tem levado muitos à loucura e ao suicídio. A droga é tão maléfica que continua sua ação devastadora mesmo no mundo espiritual; mesmo depois da desencarnação.

Aquela quase criança desencarnada não viu seus companheiros de vício, embora estivesse rente a eles. De repente, viu-se preso por mãos truculentas.

– Agora o peguei, desgraçado!

– Ai... Quem está me desafiando assim? Dinheiro. Preciso de dinheiro pra comprar a farinha... Aquele sujeito ali. Vai ser ele mesmo. Meu "radar" diz que ele tem dinheiro. Preciso cheirar mais um pouco...

– Estrupício nojento! Você vai é cheirar o enxofre do inferno! Cão imundo!

– Não sei de nada. Não estou entendendo nada. Tudo está girando. A droga. Malditos, onde estão que não me trazem logo a encomenda? Já lhes paguei o quanto exigiram... Precisei matar aquele idiota, mas sou menor de idade, e a polícia vai me soltar logo. Tinha pouco dinheiro o vagabundo...

– Infeliz! Você já está morto. Morto e ferrado!

– Você fala grego ou o que, "mermão"? Fale claro, estou confuso... Minha cabeça está girando... girando... Quem está rindo? Vou matar você, cara... A droga... Cadê a maldita droga?

Aquele infeliz jovem viciado tinha todo o psiquismo destrambelhado pelo uso das drogas, principalmente do *crack*. Sabemos que essa droga tem um poder destruidor muito grande e, rapidamente, gera dependência física. A fumaça chega ao cérebro e faz seus estragos. E o infeliz viciado tem sempre urgência em sua repetição, não titubeando em roubar e matar para conseguir dinheiro para alimentar o vício maldito.

Tal vício é tão destruidor que seus efeitos (e de outras drogas) prejudicam além do corpo físico. Afetam também o corpo perispiritual, causando desajuste, perturbação, alienação e loucura. É sabido que, nos hospitais do espaço, Espíritos devotados trabalham incessantemente no equilíbrio perispiritual dos ex-dependentes desencarnados. Muitas vezes há necessidade de novo corpo físico para sanar as lesões no perispírito. São considerados pela Justiça Divina como suicidas e sofrem as piores dores no umbral. E, quando são resgatados, leva-se muito tempo para adquirirem saúde novamente. Como suicidas indiretos, têm dificuldades para se reencarnarem, pois não souberam valorizar e respeitar o corpo que Deus lhes deu.

O jovem viciado desencarnado estava em confusão mental e ignorava que já não mais pertencia ao mundo dos chamados vivos. O condicionamento à droga o fazia buscá-la desesperadamente. Por esse e por outros tantos motivos é que o Espiritismo nos ensina a nos livrarmos de qualquer dependência antes de desencarnarmos. Não só dependências de drogas, mas de tudo. O homem é tão mais livre quanto menos necessidades possuir.

O Espírito Joseildo estava furioso porque o rapaz dava mostra de não estar entendendo nada. Girava num circuito fechado, com a mente alterada pelo vício.

– Não acabou de tirar a vida de meu irmão para roubar seu suado dinheiro e comprar a maldita droga? E agora? Quem vai socorrer você? Acorde, maldito drogado!

Joseildo, desencarnado, seguia junto ao irmão encarnado, quando este foi assassinado barbaramente por Leonardo, minutos antes do atropelamento que lhe tirou a vida.

O recém-desencarnado, sem falar coisa com coisa, prosseguia babando e exigindo que lhe dessem a droga. Lutando para se desvencilhar do opressor, Leonardo o cobria das mais terríveis ameaças.

Então, a ajuda veio por parte de Espíritos das trevas ligados à aliciação de jovens no sentido de se viciarem:

– Aonde o colega pensa que vai? Pode soltar a malandragem aí, se não quiser levar uma surra... Ele é nosso serviçal e viemos buscá-lo.

Falava com vulgaridade e empurrou Joseildo que, indo ao chão, levantou-se rapidamente e deu asas às pernas. Leonardo, porque perturbado, não reconheceu quem assim falava e que o libertou da sanha de Joseildo.

– Eu... eu... a droga... por favor... não aguento mais!

– Tá *maus*, né, "Zé Mané"? Não se lembra de

nós? Ora essa! Você trabalhava pra nós. Era um bom aliciador e estava a nosso mando há alguns anos. Pena que foi tão estúpido! Drogar-se rente ao trânsito desta cidade doida é pedir para ser *descascado*[7]. Ah. Ah. Ah – riu até se cansar, acompanhado por outros comparsas.

Leonardo cambaleou e foi ao chão. Arrastando-se, procurava pela droga que julgava estar por ali, escondida em algum canto. Rebolcava-se na calçada, lambendo o barro que a chuva para lá carreara.

O Espírito quis levá-lo, mas ele ainda estava atado aos despojos sangrentos. Tentou por algum tempo, mas não conseguiu romper o cordão fluídico.

– Vou levar vocês daqui custe o que custar. Não sou mal-agradecido e reconheço que nos prestaram muitos favores. Vamos "curá-los", mas terão de continuar nos servindo. Também do lado de cá, poderão continuar ajudando a trazer mais viciados para o nosso lado. Preciso dar um jeito de levá-los daqui antes que os intrometidos trabalhadores da luz cheguem e eu perca vocês de vista. Estamos fortes no comando. Agora nós é que damos as cartas. A droga, cada vez mais, está conquistando as pessoas. Bom. Muito bom!

---

[7] Maneira vulgar de dizer desencarnado. Muito usado entre Espíritos vulgares. (N.A.)

Leonardo continuava abobalhado. A desencarnação violenta e o uso das drogas, aliada à perturbação natural que ocorre com os que acabam de desencarnar, de forma geral, afetavam-lhe o psiquismo. Como um desmemoriado, não conseguia entreter uma ideia ou compreender o que se passava.

O Espírito trevoso, vendo que não conseguiria levá-los, afastou-se e ficou à espreita. *"Depois que os trabalhadores da luz fizerem o serviço, darei um jeito de levá-los comigo"* – disse a si mesmo.

Não distante dali, os outros dois, Gregório e Dagoberto, dormiam em pesadelos terríveis. Leonardo, de certa forma, fora poupado de dores maiores, porque ainda não estava de posse do discernimento integral devido à violência da morte.

Pouco depois, os Espíritos encarregados de auxiliar na desencarnação completa chegaram. Efetuado o desligamento, aplicaram-lhes recursos magnéticos. Os dois despertaram do sono profundo. Tinham o olhar idiotizado. Desvitalizado.

O Espírito das trevas voltou. Por diferença vibratória, não conseguiu ver os trabalhadores, mas viu quando dois dos infelizes foram desatados dos corpos. Então, levou-os para uma cidade no umbral grosso[8]. Passado algum tempo de tratamento, voltaram à situação de operários na causa do mal. Como pagamento, por cada aliciamento conseguido junto aos encarnados, recebiam uma cota extra de droga. Assim, continuavam viciados mesmo do lado de lá, pois, como dissemos, a droga continua a exercer sua tirania no plano espiritual também. Demora-se muito tempo o descondicionamento e, muitas vezes, faz-se necessário novo estágio no corpo material para o reequilíbrio psíquico.

Muitos outros infelizes se lhes juntavam. Viciados levados à desencarnação, bem como infelizes desencarnados iludidos pela danosa ilusão do prazer, caminhavam alienados pelas ruas daquela cidade do horror. Espíritos em forma feminina eram arrebanhados e levados aos chefes, para a exploração sexual. Foram mulheres que, quando encarnadas, desvirtuaram o sexo e arrebataram dos lares maridos alheios. Mulheres que usavam sua beleza para enganar e explorar sexualmente os companheiros de orgia. Também os homens que se deixavam embair por elas eram explorados do mesmo modo, apesar de serem Espíritos em forma mascu-

---

[8] Assim chamado por ser ali o lugar dos mais terríveis sofrimentos para os desencarnados infratores. Existe também o umbral intermediário, que é onde se situam muitas colônias espirituais de socorro aos desencarnados. (N.A.)

lina. Mesmo entre os desencarnados inferiores há preferência sexual. Depois que os chefes se saciavam, permitiam que os subalternos também se servissem dos infelizes.

A morte não faz mágica. Não nos torna santos nem sábios. Não modifica nossas tendências. Seremos do lado de lá como somos aqui. Nem mais nem menos. E se não tivermos grandes comprometimentos com as Leis Divinas, seremos encaminhados para colônias de socorro espiritual onde o amparo fraternal se faz por parte de abnegados trabalhadores desencarnados. Do contrário, seremos arrebatados para lugares que são piores do que o temido inferno ou vagaremos em grande sofrimento até nos curvarmos ante a Lei. Raros são os que têm o corpo perispiritual condizente com a vida dos lugares superiores. "HÁ MUITAS MORADAS NA CASA DE MEU PAI" – revelou Jesus.

A Terra já está em processo de seleção. Espíritos maus estão sendo expurgados, enquanto outros diferenciados aqui se reencarnam para ajudar na grande transição. Então, multiplicam-se nas trevas comunidades de Espíritos trevosos sempre tentando aliciar encarnados para o vício. Não só as drogas conhecidas, mas também o vício do tabaco e do álcool. Mas da Lei ninguém escapa. Pela justiça inexorável, os que desarmonizam o planeta serão encaminhados para mundos primários, tal como a Terra já foi um dia. Ali padecerão dores redentoras. Ver-se-ão separados dos seus entes queridos. Lembrar-se-ão do conforto perdido e sofrerão por terem desperdiçado a reencarnação. A saudade os magoará, porém, tudo que Deus faz é perfeito. Desse mundo de dores, só sairão "depois que pagarem até o último ceitil", quando, então, serão resgatados pela bondade de Deus Pai.

Juntamente com as provações individuais há as coletivas. E justamente por estar a Terra em transição é que as forças trevosas se assanham mais. Esmeram-se, assim, tais infelizes, na luta para derrotar o Cristianismo de forma geral, pois este é o responsável por muitas almas se lhes escaparem. A luta para desviar a alma encarnada recrudesce. Há frentes de "trabalhos" de todos os tipos: levar a criatura aos vícios; forjar oportunidade de cometimentos no crime; estimular a vaidade; a cupidez; o orgulho; exacerbar a força sexual primária e, principalmente, desarmonizar templos religiosos, incluindo as casas espíritas[9], pondo os trabalhadores uns contra os outros. Assim, muitas casas são fechadas e/ou desacreditadas.

---
[9] Vide obra "Aconteceu na casa espírita", de autoria do Espírito Nora, psicografada pelo médium Emanuel Cristiano. (N.A).

O ponto fraco de cada criatura é estudado e, quando se lhe descobre as tendências negativas, é aí que vão atuar com mais contundência. Quando não conseguem, por estar a criatura embasada em sua fé e na moral, então tentam desestimulá-la no trabalho redentor incutindo nela o desânimo.

Voltando à narrativa, vamos ver que Leonardo, por ser o que mais culpa carregava, pois havia cometido vários crimes, sempre acobertado pela lei que o protegia, permaneceu ligado ao corpo. Isso em seu próprio benefício, pois os trabalhadores da luz viram o Espírito trevoso rondando por ali e deduziram sua intenção. O Espírito superior vê as intenções do inferior como num livro aberto. A recíproca não é verdadeira.

Enquanto os outros dois seguiram com o trevoso para a cidade umbralina, Leonardo foi conduzido, junto com o corpo, para o necrotério. O processo desencarnatório seguiria o ritmo normal, trabalhando-se pouco a pouco, para que aquele infeliz tivesse a oportunidade de se desligar momentaneamente do umbral, ao qual já nos referimos.

Infelizmente, a falta de conhecimento diante da morte tornou seu desenlace sofrido e demorado. Os próprios familiares contribuíram para isso com atitudes inconvenientes.

Capítulo 19

Atitude inconveniente

IRACEMA DIRIGIU-SE AO NECROTÉRIO PARA ORAR PElos jovens mortos. Pediria a intervenção do Dr. Bezerra em benefício deles. Não era espírita convicta, embora de vez em quando fosse ao Centro acompanhando a filha, que, desde pequena, mostrara grande inclinação para a Doutrina. Em vez de a mãe levar a filha, a filha é que levava a mãe.

Três corpos sobre a laje fria. Descobertos. Mutilados. Ensanguentados.

Por mais que afirmemos que a morte faz parte da vida, o seu silêncio nos inquieta a alma. Uma sensação de impotência toma conta de nós, e o mais incrédulo ateu se dobra à sua presença. Ela é a eterna ceifadora de vidas e jamais há acerto com ela. Silenciosamente, chega sem avisar e faz o que tem de fazer, indiferente à dor que sua presença acarreta.

Iracema prorrompeu no mais doloroso pranto:

– Senhor, tenha piedade de nós. Tenha piedade desses infelizes. Tenha piedade de meu filho!

– Calma, Cema. Controle-se.

Iracema estava lívida. Sentiu-se desmaiar e foi amparada pelo marido. No egoísmo próprio do ser humano, agradeceu por não ser o seu filho a estar naquela laje fria. *"Obrigada, meu Deus, por ter poupado o meu filho"*.

– Vamo-nos daqui, Iracema. Não deveríamos ter vindo.

Estavam de saída quando os pais de Leonardo entraram. Procuravam pelo filho. Era o mais novo dos três. Uma criança ainda. Dezesseis anos! A mãe o abraçou aos gritos histéricos:

– Meu filho! Meu filho! O que fizeram com você? Mamãe está aqui. Fale comigo. Você não pode estar morto. Leonardo! Leonardo! Acorde! – e o sacudia freneticamente.

O desconhecimento da realidade da morte traz consequências dolorosas para o desencarnante e para seus familiares. Sabemos que o processo da desencarnação é, geralmente, lento. Faz-se aos poucos, muitas vezes com o auxílio de Espíritos encarregados dessa tarefa. Quanto mais ligado mentalmente às coisas terrestres, mais tempo para libertar o Espírito. Há mesmo, principalmente em caso de suicídios, casos em que o Espírito fica ligado aos seus despojos durante um bom tempo; até que todo o fluido vital seja consumido; até o cordão fluídico se adelgaçar, quando, então, libera o Espírito.

É considerável o sofrimento do desencarnado que nada fez durante a vida para o bem do Espírito. A densidade do cordão fluídico transmite ao Espírito toda sensação que afeta o corpo sem vida. Além disso, os Espíritos ignorantes e materializados ao extremo atacam tais corpos a fim de se locupletarem do fluido vital (conforme já citado anteriormente), do qual sentem necessidade em decorrência da própria materialidade.

Quando há méritos por parte do desencarnado, ou quando a morte se dá repentinamente, um acidente, por exemplo, sem nenhuma culpa por parte do desencarnante, os trabalhadores da luz esgotam rapidamente o resto do fluido vital e afastam os Espíritos-vampiros.

Outro mal que involuntariamente causamos aos desencarnantes é chorar com desespero, com revolta, e chamá-los. Têm-nos relatado os Espíritos que, quando isso acontece, o Espírito retorna ao corpo, prejudicando e atrasando muito o trabalho da desencarnação. E às vezes isso pode ocasionar também a permanência do desencarnado junto ao corpo, com grande sofrimento, pois, pela perturbação normal trazida pela desencarnação, ele não sabe muito bem o que está acontecendo.

Conhecessem todos a realidade da morte, adotar-se-iam posturas dignas diante dela, com respeito, amor e consideração nesse momento tão importante para aquele que retorna à pátria espiritual. Ajudá-lo-iam com orações e pensamentos de fé e encorajamento.

O marido afastou a mãe em desespero. Ela continuou vociferando como uma leoa ofendida:

– Quem fez isso com você vai pagar direitinho! Ah, se vai! Se Deus existe e é justo, esse assassino não terá sequer mais um momento de paz. Haverá de comer daqui pra frente o pão que o diabo amassou. Desgraçado! Infeliz! Assassino!

O Espírito Leonardo, que dormia a poucos metros dali, esperando a liberação total, ao ouvir os gritos histéricos da mãe, voltou-se repentinamente para o corpo sem vida. Desesperado, tentou encaixar-se nele. Inútil a intervenção dos trabalhadores. Foi atraído, digamos, magneticamente, para o antigo corpo. E como não conseguisse torná-lo à vida, gritou:

– Demônios infernais! Por que me prendem? Não sabem que a lei me protege? Quero um advogado. Um advogado já! Ouço minha mãe me chamar. A droga que mandei buscar... Por que tanto se demora? Miseráveis... Eu já paguei por ela.

Ratificamos que qualquer tipo de droga cria dependência, que perdura além da morte física, e o desencarnado, com o psiquismo destrambelhado, sente-lhe a falta tal quando ainda encarnado. E sabemos que as trevas se valem de Espíritos, muitas vezes viciados, para, por sua vez, aliciarem encarnados.

Leonardo, de repente, tirava energia não se sabe de onde e gritava. A mãe continuava seu choro desesperado, sempre chamando por ele. No íntimo, sabia-se também culpada pelos desatinos do filho, pois lhe dera uma educação deficiente. Bem cedo incutiu nele a ideia de superioridade. Eram bem postos na sociedade. Leonardo cursava o melhor colégio e foi lá que se iniciou no uso de drogas. Primeiramente, maconha; depois, outras mais fortes.

A mãe só dava conselhos mornos, e o pai não sabia exercer a autoridade que o caso requeria. Ambos ofereceram a casa, e não o lar verdadeiro, onde o amor e a renúncia pelo bem dos filhos devem imperar. E as consequências aí estavam. Agora culpavam Acássio. Revoltava-se também, a infeliz mãe, contra Deus, como se Ele fosse o culpado por aquela desgraça. Falasse mais alto o amor e a fé e o procedimento diante da morte seria diferente. No lugar dos gritos inconformados, da revolta, a oração vinda do coração. Sem mágoas. Sem revolta. Com a certeza de que aquele que jaz ali não é seu ente querido, mas o corpo que ele usou enquanto na Terra.

Leonardo sofreu justamente por quem deveria proporcionar-lhe paz naquele momento de grandes sofrimentos.

Depois de algum tempo, os trabalhadores da luz conseguiram acalmá-lo um pouco. Estava ele relativamente bem, até que chegou uma tia materna. Então, a gritaria recomeçou. Novamente a mesma cena. Dessa vez, os Espíritos conseguiram isolar Leonardo, mas mesmo assim ele sofreu e mais sua libertação foi retardada.

Iracema e Arthur estavam chocados. Ouviram tudo o que aquela mãe em desespero dissera e perceberam que a dor daqueles pais era infinitamente maior do que a deles. Pela primeira vez, Iracema pensou no filho como um irresponsável e que talvez o sofrimento mudasse seu caráter. Mas repudiou imediatamente tal pensamento: *"Acássio é bom filho. Até hoje nada fez de tão errado. Tem o coração bom... Não merece o que essa mulher está dizendo. Todos nós erramos, e Jesus nos ensinou a perdoar".*

– Vamos voltar para junto de Acássio, Iracema. Vamos orar muito para que Deus não o leve e para que ele crie um pouco mais de juízo.

– Deus há de perdoá-lo, Arthur!

Ah... O perdão. Sempre o requisitamos para nós e para nossos entes queridos. Devemos ser perdoados pela calúnia, pela maledicência, pelo descaso com a lei, enfim, pelo desamor que mostramos ao longo da vida. Mas... quando é nosso semelhante quem no-lo solicita por algum erro cometido contra nós, aí somos intransigentes. Rogamos em nome de Deus o castigo para ele. Queremos que nosso desafeto sofra todas as dores infernais. E ainda achamos que é pouco. Estivesse em nossas mãos o poder de julgar, no inferno estaria saindo gente pelo ladrão. A dureza de nossos corações nos faz os piores dos juízes. No entanto, nada sabemos sobre os processos e caminhos que a justiça de Deus se utiliza. Quantos julgamos inocentes por nossa ótica míope e depois vamos descobrir que eram culpados! Não necessariamente culpados nesta existência, mas em outras. A dívida haverá de permanecer mesmo que mudemos de casa, de Estado ou de País. E já é demasiadamente sabido que ninguém pode subir a planos melhores deixando "dívidas" à retaguarda. Enquanto não quitarmos as promissórias do banco da vida, não teremos condições de seguir adiante. Tal é a Justiça Divina. O perdoar a que se referiu Jesus é não exigir vinganças; é se desligar do desafeto; é compreendê-lo, é seguir adiante e deixar a corrigenda do outro para quem de direito. Assim podemos perceber que perdoar é também nos libertarmos, é sermos inteligentes, pois quem não perdoa segue jungido ao desafeto e sente a alma estremecida todas as vezes que pensa nele. Em síntese, perdoar é aplicar o Cristianismo. E perdoar, conforme ensinou Jesus, não é a não obrigatoriedade – frisamos uma vez mais – de se corrigir o erro; de expiar a falta cometida contra as leis naturais ou divinas. Perdoar é não querer o mal do próximo.

Quando soube do acidente, Maria Teresa correu ao hospital. Nenhuma censura partiu de sua boca. Entristeceu-se, pois adorava o único irmão. Sua primeira atitude foi orientar os pais, que já estavam lá:

– Pai, mãe... Vou lhes pedir um favor. Não agasalhem nenhuma revolta, nem fiquem mentalizando que ele está sofrendo. Pensem nele com amor, sem julgamentos, pois não sabemos de fato o que pode ter causado o acidente.

– O que causou o acidente foi a imprudência dele. Tinha bebido com os amigos e dirigia feito louco. Agora... – o pai não concluiu o que ia dizer.

– Por favor, Arthur! Não o acuse. Ele também foi punido.

– O pior... O pior foi o que aconteceu com os rapazes atropelados. Mortos! Todos os três! E aquela pobre mãe? Percebeu a revolta dela? Você, Cema, poderá ter seu filho por perto... mas e a outra mãe? O pai? Os irmãos, se os tiver?

Iracema nada disse. Estava magoada demais para falar. As acusações daquela mãe desesperada ainda repercutiam em sua mente. Foi Maria Teresa quem quebrou o silêncio:

– Se conhecessem as razões espirituais, vocês haveriam de compreender melhor e não sofreriam tanto. Saberiam que não há morte. Não há perdas definitivas. Somos Espíritos imortais... todos nós. E também nada acontece à revelia da Lei.

— Eu entendo o Espiritismo. Sei que ele é realmente aquele Consolador que Jesus prometeu e nos enviou.

— Correto, mãe. Enviou-nos. E a senhora, e o pai? Têm interesse em estudá-lo? Há cursos no Centro Espírita. Procuram fazer jus a esse Consolador? Procuram conhecer o mundo espiritual para aonde todos iremos um dia? Procuram saber o que se valoriza, de fato, naquele mundo? Ou acham que a paz e a felicidade vêm assim, de graça, ou por privilégios indevidos?

Iracema então se indignou:

— Olha o respeito, Maria Teresa! Não vou ao Centro, mas rezo em casa. Não é preciso lugar especial para orar. Ainda hoje pela madrugada, antes de saber do acidente, tive um pressentimento de que alguma coisa ruim havia acontecido com seu irmão. Orei e pedi ajuda ao Dr. Bezerra.

— Sei, mãe. Na hora do perigo... quando precisamos... sempre nos lembramos dos Espíritos generosos e suplicamos ajuda. Não está errado, mas é bom que nos lembremos deles, de Jesus, de Deus, também nos momentos felizes.

— Hoje você está agressiva! E eu estou sofrendo, filha!

— Desculpe-me. Sei que orar é bom em qualquer lugar, em casa, na igreja católica, evangélica, no templo budista, enfim, não há um lugar que seja melhor do que o outro. Quando digo que vocês deveriam frequentar uma casa espírita não é porque ali é que é o lugar ideal para orar. É pelo aprendizado que vamos recebendo. As palestras, os passes, a água fluidificada... Vamos crescendo em Espírito, pois o Espiritismo é o Cristianismo redivivo. Veja que, muitas vezes, a infantilidade com que algumas religiões querem nos ensinar tem levado a formar materialistas. Quem medita acaba vendo as incoerências, decepciona-se e passa a descrer de tudo. E nós é que devemos ir à busca da Espiritualidade superior e não o contrário.

Iracema, entretanto, não teve paciência para acompanhar o raciocínio da filha. Deixou o pensamento correr solto; não disciplinou a alma. Muito teria lucrado se tivesse ouvido com interesse, até o fim, os argumentos da filha.

Arthur prestava muita atenção. Quando Maria Teresa terminou de falar, concordou:

— Você está certíssima, minha filha! Eu e sua

mãe temos nos omitido na educação de Acássio. Achávamos que só a educação no sentido de instrução já era o suficiente e que a religião ele escolheria mais tarde. Achávamos que com isso estávamos sendo justos e democráticos.

– E enquanto os pais esperam o filho crescer para lhes dar orientação religiosa, ele pode se perder no caminho antes de encontrá-la.

– Você tem razão, filha. É uma verdade incontestável.

A enfermeira entrou para trocar o soro, e Acássio gemeu, na inconsciência da sedação. Iracema perguntou sobre o real estado dele.

– Desculpe-me. Não sei informar. O médico deverá passar em alguns minutos. Perguntem a ele.

– Obrigada.

– Por nada.

Quando novamente a sós, Maria Teresa continuou:

– Pai, é na infância que se amoldam os caracteres. Somente a educação moral, conforme asseverou Allan Kardec, pode modificar a humanidade. O que fazemos com uma plantinha que está crescendo torta?

– Colocamos uma escora e a conduzimos na direção certa. Não é isso que você diz?

– O que mais, pai?

– Damos-lhe água, nutrientes, Sol... tudo o de que ela precisa para se desenvolver.

– Certo. Se a deixarmos crescer torta, depois que ela estiver se transformado em uma árvore adulta, adianta forçar seu tronco para endireitá-la?

– Não. Aí será tarde demais.

– Se forçarmos muito, o que acontecerá?

– Ela se quebrará, sem dúvida nenhuma.

– Mãe...

– Ahn? O que você disse?

Maria Teresa e o pai se olharam.

– Nada, mãe.

– Hoje não estou em condições de conversar. Estou muito preocupada.

Os Espíritos desocupados, a mando do obsessor principal de Acássio, ouviram o que Maria Teresa dissera. O que parecia ser o líder gargalhou. Mas um deles, Lúcio, ficou meditando. Vira a aura de luz que circundava a jovem. Intentou segui-la quando ela voltasse para casa, mas o "chefe" percebeu sua intenção e o lembrou do recente compromisso assumido:

– Lúcio, pode ir tratando de me ajudar com este daqui – E, rindo, assoprou pensamentos danosos ao acidentado, enquanto lhe projetava fluidos pesados. Acássio fez uma carantonha de dor e resmungou.

Na verdade, o Espírito Lúcio já começava a mostrar insatisfação na vida que levava. O mal também cansa. Entedia. E as preces de sua mãe, ainda encarnada, estavam encontrando ressonância na sua consciência espiritual. Mais dias menos dias, ele seria resgatado pelos Mensageiros do Bem.

Maria Teresa se aproximou mais do irmão, e Iracema correu e lhe beijou o rosto abatido, molhando-o com suas lágrimas.

– Pai, mãe, vamos fazer uma prece. Ele está muito agitado – disse a jovem, não revelando, para não assustar os pais, que ali estava um ninho de entidades malévolas querendo vingança.

– Boa lembrança, minha filha.

E Maria Teresa estendeu as mãos sobre ele e orou:

"Deus, Pai de amor.

Bem sabemos que somos pecadores e que vimos desrespeitando a Sua Lei ao longo do caminho; que não temos ainda nenhum merecimento, pois que temos vivido mais para a vida material do que para a espiritual; que temos esquecido de vivenciar Suas justas Leis, conforme Seu filho Jesus tão bem nos exemplificou, mas, Pai... se ainda somos Espíritos insipientes, dê-nos a Sua mão, pois queremos nos modificar, diminuir a distância entre nós. Este nosso irmão, que jaz aqui inconsciente, precisa do Seu amor. Não peço para que Sua Lei deixe de agir, mas Lhe pedimos, tão somente, misericórdia e força para enfrentarmos as consequências. Afaste, Senhor, os obsessores que, sinto, estão aqui, mas ajude também a eles, pois que ainda não aprenderam a perdoar. Pai nosso..."

Os Espíritos silenciaram. Ouviram a prece, mas não mudaram a posição de vingadores. Haviam se comprometido com o mal. Lúcio, porém, tinha os olhos marejados de lágrimas e sentiu gratidão, pois Maria Teresa não pediu que eles fossem afastados; não os recriminou, mas pediu que o Pai também olhasse por eles.

Quando orarmos pelos obsidiados, não devemos nos esquecer de orar também pelo obsessor, pois, em outros tempos, ele já foi a vítima. E a prece feita de coração poderá sensibilizá-lo, muitas vezes transformando-o de perseguidor a amigo. O amor será sempre o agente transformador de consciências.

Lúcio, que estava junto ao doente, afastou-se e ficou olhando-o de longe. Mil questionamentos se lhe agitavam a mente. A prece de Maria Teresa ainda ressoava nas profundezas do seu ser.

– Ei, você! Que cara de bocó é essa? Deixou-se influenciar pela lenga-lenga da moça? Ou foi a beleza dela que o deixou coió? – falou e gargalhou o líder.

Lúcio não respondeu. Sentou-se na cadeira e deixou que os sentimentos bons aflorassem ao Espírito conturbado. A prece sincera, as vibrações de amor, a ausência de acusações, propiciavam-lhe o começo da "morte do homem velho, para o renascimento do homem novo" – como bem nos lembra o Cristianismo.

Na primeira oportunidade, abandonou o grupo trevoso e seguiu com os Mensageiros da Luz. Havia-se libertado pela força do amor de Maria Teresa.

Acássio também melhorou após a prece da irmã, e a sedação cedeu lugar a um relaxamento mais consciente:

– Mas, afinal, o que aconteceu comigo? Que lugar é este? E meus pais? Onde está minha irmã... senti sua presença...

– Calma! Você se lembrará de tudo. Seus pais estão aqui, bem perto de você – disse a enfermeira. Também ela ficou surpresa com a repentina melhora.

– Mãe...

– Fale, meu filho querido.

– O fantasma. Ele está aqui. Ri de mim e diz que me presenteará com alguma coisa... não sei o que é, mas sinto que algo está sendo preparado por ele.

– Acalme-se, filho. Isso é consequência da sedação. Você ficou traumatizado física e emocionalmente. Oh, meu Deus... Quando isso vai passar?

– Tem alguém aqui! Não vê a sombra escura? Estou com medo.

A mãe balançava a cabeça e orava, implorando pela melhora do filho.

– Ore também, filho. Peça a Deus que afaste daqui toda perturbação; que leve daqui o Espírito mau que o está fazendo sofrer. Que ele volte para seu mundo, de onde não deveria ter saído.

Maria Teresa mantinha-se em preces. Censurou mentalmente a mãe quando ela pediu o afastamento do obsessor. O que deveria fazer era pedir a Deus que o esclarecesse, pois Jesus mesmo disse: "Onde estiver o devedor, aí estará também o credor".

Essas palavras de Iracema mais revoltaram os obsessores. Assim, várias vezes, Acássio acordava gemente e suado, como se estivesse em luta com alguém.

Mãe e filho oravam para si mesmos; para que a paz se lhes fizesse, mas se esqueciam de orar também pela paz de todo Espírito sofredor. Assim, era uma prece de egoístas; que pediam socorro, mas pouco se importavam com os trevosos. O ditado popular "cada um pra si e Deus pra todos" – falava da indiferença de ambos. No entanto, ao orarmos pelos infelizes perturbadores da paz alheia, damos o primeiro passo para adquirir nossa própria libertação. As preces de Iracema e de Acássio, pedindo, simplesmente, para que se afastassem, endureciam-nos, e eles renovavam o desejo de usufruírem as energias vitais com a esperada morte do doente.

Porém, o mal também entedia. Cansa. Um dia, todos retornarão ao aprisco, e a Lei do amor habitará seus corações.

Maria Teresa, por estar bem avançada em conquistas espirituais, por conseguir amar além do amor familiar, fazia suas orações de coração. Eram, tais preces, bem diferentes das de Acássio e Iracema: não pedia para que eles se afastassem; não pedia somente pela paz do irmão, mas para a paz deles também. Isso lhes abrandava o coração carente de amor. Jamais mostrou intolerância ou os repudiou, mas, sim, pedia sempre que eles se modificassem; que se voltassem para o Deus de amor, que ama a todos igualmente. *"Ninguém nunca orou com tanta fé pela minha felicidade"* – pensava o líder dos obsessores.

As preces continuavam, agora também pela equipe de samaritanos da casa espírita que Maria Teresa frequentava. E os obsessores foram considerados como "irmãos necessitados".

Uma vez, Maria Teresa pediu aos mentores do Centro que os trouxessem para uma comunicação durante o tratamento desobsessivo realizado em favor de Acássio. O bondoso Espírito, mentor daqueles trabalhos, movimentou os amigos a fim de retirá-los do quarto do doente e encaminhá-los para lá. Ali receberiam tratamento adequado e com certeza desistiriam do mal.

Não foi possível levá-los, mas, desde o início

do tratamento e das preces de Maria Teresa, que alguns deles perdiam, gradativamente, o gosto em praticar maldades e se deixavam ficar ao lado dela por dias. Sentiam-se bem em sua companhia. Gostavam de vê-la orando por eles, e isso, de alguma forma, os recompensava. Apenas o líder mantinha-se irredutível nos seus propósitos e censurava seus ajudantes, chamando-os de covardes e desertores.

A prece é como um solvente: pouco a pouco, vai dissolvendo os cascões que envolvem o perispírito.

Um dia, um deles, Natalício, perguntou-lhe:

– Chefe, não acha que já chega? De minha parte, não sinto mais prazer nessa vida...

O líder pensou um pouco e revidou áspero:

– Nem pense em desistir agora. É muito tarde para se bandear para a Luz.

– Maria Teresa tem dito que sempre é tempo de voltarmos atrás e fazer melhor.

O líder tremeu de indignação:

– Nada falei a vocês, mas tem gente graúda pressionando as trevas. Não estamos aqui apenas esperando a morte dele para lhe roubarmos a energia vital.

– Não?

– Não. Vim aqui enviado por inimigos dele. Foi-me prometida uma grande recompensa, caso conseguisse levá-lo à morte. Se desistirmos agora, nem sei o que eles farão conosco! Tenho medo, pois conheço muito bem o destino dos desertores.

Natalício ficou pensativo:

– Eu não sabia disso. Você nos escondeu suas verdadeiras intenções... tirar proveito próprio... ser promovido pela chefia... Doravante, não conte mais comigo, chefe.

– Você não pode me abandonar agora!

– Posso. Arcarei com as consequências. Pedirei socorro a Maria Teresa e desistirei dessa vida inútil. Assim que resolvi mudar, tenho ouvido meu pai me aconselhar a deixar as trevas. Diz-me que é chegado o momento de minha libertação.

O líder emudeceu. Não encontrava argumentos para debater aquela ideia. Odiou primeiramente Maria Teresa, depois Natalício. Também ele acompanhava Maria Teresa porque se sentia bem em sua companhia; ela, espontaneamente, repassava-lhe seus fluidos benéficos. Era por gozar desse prazer, não por transformação interior que, muitas vezes, deixava-se ficar junto dela.

Enquanto isso, no umbral, reunia-se um grupo de "Juízes das Trevas".

– Como está o caso Acássio? – perguntou um Espírito de toga negra, com detalhes em vermelho.

– Aquele incompetente do Moisés não tem me mandado notícias.

– Também não tenho podido acompanhar o caso, mas acho que devemos investigar. Sabemos que a Luz é bem capaz de nos frustrar as intenções. E aquele safado fez algumas caridades ao longo da vida e por isso tem o socorro de alguns mensageiros do Bem.

– Vou pensar nisso. Temos um serviço importante a fazer e aquele traste nos será de grande valia.

Capítulo 20

Os ovoides

A LUA REFLETIA UMA LUZ OPACA, ENVOLTA EM MAtéria sanguinolenta. Os arbustos rasteiros e mirrados davam um aspecto de natureza exaurida. Sons guturais eram ouvidos de intervalo a intervalo e faziam alguns estranhos animais levantarem a cabeça, sondando o ambiente. De raro em raro, um redemoinho passava, levando no seu interior estranhas formas que poderiam ser Espíritos, formas-pensamento ou qualquer outro tipo de vida desconhecida da Terra.

Três entidades trevosas seguiam atentas à procura dos ovoides, que seriam implantados no perispírito de Acássio. Duas das entidades eram justamente os infelizes mortos no acidente, enquanto se drogavam.

Ao serem levados para o umbral, após a violenta desencarnação, tomaram conhecimento de tudo. Revoltaram-se contra Acássio, atribuindo a ele a morte prematura. Haviam-se comprometido, naquela reencarnação conduzida pelos agentes do mal, a aliciarem o maior número de pessoas e levá-las, depois, à morte, de onde continuariam seu trabalho devastador.

– Aquele miserável não perde por esperar! Tirou-nos a oportunidade de conquistarmos um lugar na Diretoria da nossa Instituição. Um presente de reconhecimento do chefe para nós – desabafava um deles.

O outro, igualmente revoltado, dizia:

– O meu caso é pior do que o seu. Eu estava para receber uma carga imensa de drogas para distribuir em São Paulo e Rio de Janeiro... Ganharia uma fortuna! Ficaria rico e poderia conquistar a mulher dos meus sonhos. Ela sempre me esnobava... chamava-me de pobretão pretensioso...

O outro deu sonora gargalhada e repetiu:

– Pobretão pretensioso! É boa, cara! Agora você é um pobretão pretensioso e "descascado". Tá mais pobre ainda... perdeu até aquela miserável carcaça. Ah, ah, ah... – riu o infeliz.

Os dois jovens, apesar de se encontrarem com o perispírito comprometido pelos ferimentos causados pelo atropelamento, ainda assim agiam movidos pela energia da revolta e do ódio.

O outro o empurrou e pediu silêncio. Havia pressentido alguma coisa. Esconderam-se atrás de uma moita rala, pois não havia outra melhor.

Depois de algum tempo, julgando que o perigo havia passado:

– Temos de tomar cuidado. Tenho a impressão de que eram os Mensageiros da Luz. Se eles nos pegam, estamos perdidos. Vão nos hipnotizar e nos fazer seguir com eles.

– Será que eles não nos viram? Podem estar escondidos e nos surpreender.

– Isso eles não costumam fazer. São contra a violência e não ignoram que temos o nosso livre-arbítrio, como acabou de explicar o nosso chefe agora.

– Sei que a conversa deles é melódica e, diz nosso chefe, que entendem muito de hipnose...

– Tudo lenda, *mermão!* Quando ainda encarnado, eu e minha mulher frequentávamos uma casa espírita...

O outro o interrompeu, admirado:

– O quê?! Você foi, ou é ainda, espírita? Cara! Não compreendo. Se tinha uma religião era porque acreditava em Deus, em Jesus... então, como pôde se enveredar pelo caminho das drogas?

O interlocutor pensou um pouco. Depois falou:

– O fato de você ir a uma igreja, a um centro, a uma mesquita, não o faz religioso ou crédulo. Eu ia só para acompanhar minha mulher, que insistia muito, dizendo que eu precisava evoluir. Mas eu, realmente, nunca fiz o que lá ensinavam, ou seja, queriam que eu virasse santo com a tal da reforma íntima.

O outro se calou. Nunca fora religioso. Nunca assistira a uma missa ou fora a qualquer casa espírita. Achava que, com a morte do corpo, tudo se acabaria e queria aproveitar a vida. Jamais pensou que um dia teria de prestar contas de seus atos a Deus.

Enquanto conversavam, dois Espíritos de luz, embora opacos naquele momento – para não humilhar os sofredores que visitariam – pararam a fim de ouvir a conversa e ver se poderiam ajudá-los de alguma forma.

– Veja, padre Roberto. Um deles conheceu, enquanto encarnado, a espiritualidade. Frequentou uma casa espírita e não se modificou. Sequer compreendeu o que ouviu.

– Ora, meu caro amigo George... Quem pode garantir que ele ouviu alguma coisa? Não terá dormido o tempo todo, hipnotizado, talvez, pelos obsessores que não queriam sua evolução? Isso tem acontecido muito ultimamente.

George pôs o dedo indicador na fronte:

– É mesmo, padre! Agora percebo que essa possibilidade é real! Lá na casa espírita em que ajudo na desobsessão, tem um senhor que chega a roncar. Outro dia, alguém falou sobre isso com ele. Sabe o que ele disse para justificar?

– O quê?

– Que não estava dormindo; que estava desdobrado em serviço. Eu fiquei intrigado, pois não o vimos junto aos trabalhadores espirituais do Centro, mas bem acima de seu corpo perispiritual, no sono mais profundo.

– E você não tomou nenhuma providência?

– Eu não, mas o diretor da casa chamou a atenção dele que, melindrado, nunca mais retornou aos trabalhos. Foi pena porque, de alguma forma, mesmo dormindo, ele era doador de fluidos animalizados, que ajudavam os doentes ali trazidos para tratamento.

– Quer dizer, ajudava os outros, mas não ajudava a si mesmo. Poderia continuar doando seus fluidos em benefícios dos doentes e, ao mesmo tempo, ficar desperto e aprender alguma coisa.

George concordou:

– Muitos como esse nosso amigo estão presentes só em corpo material nas reuniões espíritas e nas igrejas. Muitos vão apenas para cumprir uma obrigação social, ou satisfazer o cônjuge, ou sossegar a consciência, mas, no fundo, são descrentes e indolentes. Não se esforçam para compreender e vivenciar as Leis Divinas. Só querem saber do aqui e agora e acham remoto o dia da desencarnação. "Talvez algum dia, pensam, quando a velhice chegar, quando meu corpo não tiver mais energias para nada, para gozar a vida... aí... talvez... eu procure um consolo nas religiões. Por enquanto, é tratar de gozar a vida com tudo de bom que ela nos oferece".

– Você analisou muito bem, amigo. Estão se iludindo, querendo uma felicidade que ainda nada fizeram por merecer. Esquecem-se de que a responsabilidade é proporcional ao conhecimento. E muitas vezes o conhecimento teórico não lhes falta, faltam-lhes vontade e determinação para matar a criatura velha que, há séculos, os domina e fazer surgir a criatura nova e espiritualizada. Esquecem-se de que originalmente somos todos criaturas espirituais; que estão materiais por força das necessidades evolutivas, mas que, um dia, não precisarão mais reencarnar para evoluir.

Depois de algum tempo, percebendo que nada poderiam fazer por aqueles dois, padre Roberto e Georges volitaram em direção a uma caverna, da qual pretendiam resgatar um Espírito que já oferecia condições de dali sair para um atendimento numa das colônias da região.

Os dois Espíritos abandonaram os esconderijos, certos de que não foram vistos. Na verdade, ignoravam que até a região mais recôndita de suas mentes fora devassada pela Luz.

– Escapamos por pouco. Parece-me que era mesmo a Luz intrometendo-se de novo. Vamos rápido, já perdemos muito tempo e temos de procurar três ovoides. Acássio não perde por esperar. Muito se arrependerá de nos ter tirado a vida, pois agora somos mais capazes de retribuir o mal que ele nos fez.

Seguiram céleres. A paisagem ia se tornando cada vez mais assustadora. Não demorou muito e avistaram uma gruta entre árvores desnutridas e de folhas amareladas.

– Ali. Lá dentro, sei que existem muitos ovoides. Vamos levar apenas três – disse um deles.

Realmente, ali havia, como se fosse um ninho, vários ovoides. No entanto, não estavam abandonados à própria sorte. Periodicamente, os Mensageiros da Luz os visitavam, davam-lhe passes magnéticos e sondavam a evolução de cada um. Aqueles que já estivessem aptos a um tratamento mais elaborado eram dali retirados e encaminhados.

De posse dos ovoides, os dois trevosos dirigiram-se ao hospital. O chefe os aguardava com impaciência.

– Quanta demora! Já ia mandar o Antenor atrás de vocês.

– É que não conseguimos ser mais rápidos e ainda tivemos também um problema com a Luz. Ficamos escondidos por algum tempo, mas aqui estamos – e entregou ao chefe os ovoides.

– Muito bom.

Em seguida, instalou-os ao longo do corpo astral de Acássio. Imediatamente, começou o processo de absorção de fluido vital pelos estranhos hóspedes do acidentado, e, logo depois, Acássio começou a se sentir mal. Vomitou. Nada lhe parava no estômago. Em seguida, tocou a campainha.

– O que se passa? Do que precisa? – perguntou de má vontade a enfermeira.

– Estou me sentindo péssimo. Pode me ajudar?

– É assim mesmo. Talvez seja efeito dos remédios.

– Mas, até agora, estava bem.

– Dê graças a Deus por estar vivo!

– Vivo? Às vezes, sinto que morri... Tudo está confuso...

A amnésia não era total, pois se lembrava da família. Pediu detalhes sobre o acontecido. Ainda não sabia que matara três adolescentes por sua irresponsabilidade e que, tão logo saísse do hospital, teria de comparecer à Delegacia de Polícia, pois as famílias dos mortos o indiciaram e já corria um inquérito policial.

– Pode me dizer o que aconteceu? Como foi que vim parar aqui?

A enfermeira, que nunca lhe dava um sorriso, disse-lhe secamente:

– Não sei ao certo, senhor Acássio. Quando seus pais chegarem, eles lhe contarão com detalhes. Eles já estiveram aqui enquanto o senhor estava sedado. Só sei que o senhor estava dirigindo, que chovia muito e que estava em alta velocidade em uma avenida. Em um cruzamento, foi apanhado por outro carro e capotou.

A enfermeira sentiu vontade de lhe passar um sermão, pois sabia que o que provocou o acidente foi ele estar dirigindo alcoolizado. Gostaria também de lhe falar que fora responsável pela morte de três jovens. Mas calou-se. Não estava ali para julgar ninguém e o estado dele poderia piorar.

Dali a pouco, os pais e a irmã entraram:

– Acássio, que bom encontrá-lo melhor. Parece-me que está muito bem – disse-lhe a mãe, abraçando-o.

O pai e Maria Teresa também o abraçaram.

– Oi, Acássio, está melhor?

– Estou péssimo, Terê. Incomoda-me muito o fato de não conseguir me lembrar de como tudo aconteceu. Estou muito preocupado com isso. Minha cabeça parece envolta em um nevoeiro. Tenho momentos de alguma lucidez, como agora... mas a maior parte das vezes nem sei quem sou.

— Tenha paciência. Vai passar... Isso é efeito da sedação. Você já esteve pior.

— Isso é que me preocupa, pois também já estive melhor... Agora... Parece que algo aconteceu... sinto o corpo todo dolorido e...

— O quê?

— Sinto como se estivessem me sugando... Às vezes tenho pensamentos que sei não serem meus... Ouço soluços... acusações... Algo muito estranho. Terei enlouquecido?

Iracema e Arthur olharam-se espantados. Iam falar alguma coisa, mas Maria Teresa lhes fez um sinal para que se calassem. Elevou o pensamento a Deus e orou. Com espanto, conseguia perceber o que acontecia: via sombras e formas ovoides ao longo do perispírito do irmão.

E depois de algum tempo:

— O que foi, Terê? Viu alguma coisa? — perguntou Iracema.

Ela não quis amedrontar o irmão e os pais e lhes disse que não era nada, que estava tudo bem, mas, na realidade, estava apavorada. Sabia que ele arranjara para si um grande carma negativo e que muito sofrimento o aguardava dali para a frente. Tinha a voz embargada e não conseguia falar; dar esperanças ao irmão. Arthur dizia que iria conversar com o médico que estava cuidando dele. Por fim, arrematou:

– Vai dar tudo certo, filho. Deus é grande.

É... Deus é grande, mas é também justo. Tal justiça muitas vezes não é compreendida, mas se faz assim mesmo. As consequências daquela atitude irresponsável haveriam de lhe causar acerbos sofrimentos, como bem sentiu a irmã. Sua alma já estagiara na Terra o tempo suficiente para adquirir madureza, responsabilidade, e aprender qual o melhor caminho a seguir. Todavia, não lhe bastaram as experiências de existências pregressas, a família equilibrada que na maioria das encarnações tivera, e que não soubera valorizar. Não lhe valera o exemplo da irmã Maria Teresa, que, qual anjo de bondade, mostrava-lhe sempre que o caminho que ele estava seguindo era o das dores. Presenteara-o com o "O LIVRO DOS ESPÍRITOS", que ele mal folheou e guardou na estante. Maria Teresa também o levara à casa espírita, onde era trabalhadora das mais dedicadas. Ele só se interessou pelos passes, assim como seus pais. Nunca ouvira uma palestra com a devida atenção. Achava que o Espiritismo era muito bom, mas impraticável na vida moderna. Na igreja católica, também só comparecia aos casamentos de amigos e parentes. Criticava desde o coroinha até o Papa. Estava tudo errado e não poderia compactuar com inverdades – dizia para acalmar a consciência.

O tempo ia passando e sua vida continuava voltada somente para os interesses materiais. "Haverá tempo para me dedicar ao Espírito. Mais tarde, que sou muito moço ainda" – assim se justificava. Seu anjo da guarda, ou guia espiritual, vezes sem conta, tentara trazê-lo à luz da razão, mas ele jamais lhe dera crédito. Mesmo assim, o bom amigo jamais deixava de tentar fazê-lo ver que não estava reencarnado para gozar a vida material, mas para se quitar; reequilibrar-se com as Leis Divinas, que vinha desrespeitando já havia algumas existências. Enquanto era Espírito primário, as consequências de atos anticristãos tinham um peso, pois a responsabilidade é diretamente proporcional ao nosso conhecimento, todavia, agora, já era Espírito esclarecido e competia-lhe colher os frutos amargosos de sua conduta.

Acássio era, de todos eles, o Espírito mais antigo; o que mais vivências tivera. Nas últimas existências, havia-se comprometido seriamente com a Lei. Ao desencarnar, ficara vagando nas trevas por longo período. Estivera preso em cavernas escuras; fora conduzido a tribunais, onde entidades espirituais o condenaram e o seviciaram.

Muito tempo em recuperação em uma colônia espiritual não lhe rendeu juízo à cabeça doidivanas. Quando no plano espiritual, dispunha-se a mudar de vida, mas tão logo reencarnava, esquecia os bons propósitos. Mesmo quando desencarnado, era vítima de obsessores que não lhe perdoavam as atitudes do passado.

A obsessão, hoje, já é reconhecida pela Ciência como uma realidade; uma doença da alma. Sabe-se que o Espírito desencarnado, ou mesmo ainda encarnado, pode levar seu desafeto à morte, minando-lhe as energias, enlouquecendo-o.

Maria Teresa começou um tratamento para ele no Centro Espírita, tendo em vista a gravidade do caso. Com Acássio agasalhando em si três Espíritos ovoides e sofredores, bem sabia Teresa que ele caminharia diretamente para a desencarnação prematura, sem saldar os grandes débitos que possuía ante a Lei Divina, sempre por ele desrespeitada.

No quinto dia, embora apresentasse fraqueza

e desânimo, Acássio recebeu alta hospitalar. A amnésia parcial ainda persistia. Os ovoides se fortaleciam enquanto ele definhava.

– Pronto, filho. Agora está em casa e eu poderei cuidar melhor de você.

– Mãe, todas as vezes que pedi para vocês me contarem como e por que me acidentei, só tive meias verdades. Sinto que é bem mais do que vocês me contaram.

Iracema, então, contou tudo, amenizando o mais que pôde.

– Meu Deus! Eu não me lembro de ter bebido... não me lembro de nada!

Arthur que, em silêncio, acompanhava a conversa:

– Acássio... não vou exprobrar seu procedimento irresponsável, mas...

– Mas o quê? Fale, pai. Pressinto que há mais coisas.

– E há, meu filho.

Acássio sentiu um gosto amargo na boca. Tremeu. A hora havia chegado, ele bem pressentira. À noite, no hospital, parecia-lhe que o quarto se enchia de sombras que o ameaçavam. Uma vez, chegou a perceber que alguém o esbofeteara. Ele gritou. Pela primeira vez, teve medo e passou a deixar a luz acesa. Noutra ocasião, junto de seu leito, um espectro de terrível carantonha dizia-lhe que ele saíra ileso do acidente, mas que a vingança estava a caminho; que ele esperasse.

– Diga, pai. O que mais fiz?

– Acássio, infelizmente, quando o carro capotou, atingiu três adolescentes...

– Santo Cristo! E eles ficaram muito machucados?

Iracema começou a chorar. O pai o olhou enternecido:

– Eles estão mortos, meu filho.

Todo o sangue fugiu do rosto de Acássio.

– Nãããããooo! Por favor, diga que estou sonhando... que isso não aconteceu de fato. Meu Deus! Sou um assassino! Três vidas!!!

– Acalme-se, meu filho – disse-lhe a mãe, chorosa.

– Agora já aconteceu e não há como trazer os pobres adolescentes de volta à vida – falou o pai.

Acássio chorava como criança. Arthur ainda

não dissera tudo e pensava em como contar que havia um inquérito policial.

– Pai, vejo que tem mais alguma coisa.

– E tem. As famílias dos mortos entraram na justiça e pedem sua prisão. Assim que você puder, teremos de ir à Delegacia. E rezar para que nada de ruim lhe aconteça, pois o irmão do mais jovem deles prometeu que lhe dará um corretivo daqueles...

O pai não pôde terminar. Também chorava.

✳✳✳

Os ovoides estavam fazendo estragos em Acássio. Já agora ele estava tão enfraquecido que começava a delirar. Não conseguia dormir nem se alimentar devidamente e tinha pesadelos horríveis, sempre vendo três corpos estendidos na calçada. Finalmente conseguiu se lembrar de tudo e muito se lamentou.

Uma tarde, quase desencarnou, e Maria Teresa foi chamada às pressas. Estava com anemia, embora medicado. Instalou-se-lhe também a depressão. Ele se entregava sem luta. Alma indolente, acalentando um remorso improdutivo, conformava-se em agasalhar aquelas três formas ovoides.

Maria Teresa aplicou-lhe passes e envolveu os três Espíritos amorfos em seu amor. Aquietou-os, pois, longe de maldizê-los, viu neles irmãos em grandes padecimentos. Mereciam também o amor, pois eram criaturas filhas do mesmo Pai Criador de tudo. Mas ainda não fora possível a retirada deles, pois isso demandaria muito preparo e requereria a presença de alguém especializado, caso contrário, os danos poderiam ser maiores, tanto para eles quanto para Acássio.

Todos os dias, os obsessores que restavam, acompanhados do líder, visitavam-no. Estavam contrariados pela ajuda que os trabalhadores do Centro e Maria Teresa estavam realizando.

– Amanhã, irão levar o doente imprestável ao Centro. Um médium qualificado, com seu mentor, estará em trabalho desobsessivo na casa e a consulta já está agendada. Precisamos fazer o possível para não deixá-lo ir – disse o obsessor Moisés.

– E como faremos isso? Essa Maria Teresa não é fácil, não.

– Daremos um jeito nela também. Hoje farão o tal do Evangelho no Lar. Vou visitá-la e me fazer de bonzinho...

– Como fará isso?

– Vou me apresentar como outra personalidade. Outro tipo de procedimento. Talvez até me apresente como algum líder do Espiritismo... André Luiz, por exemplo. Sei imitar a linguagem da Luz. Sei parecer bem razoável e caridoso quando me convém. Os espíritas são sensíveis às palavras doces... Já fiz isso muitas vezes, e eles caíram direitinho!

Só ao citar André Luiz e rememorar por segundos sua bondade e dedicação, o líder teve um estremecimento de remorso, que tratou de repudiar.

– Isso vou querer ver – disse o interlocutor.

– Pois você verá. Preste atenção para aprender, ô coisa ruim.

– Não que eu duvide de sua capacidade, chefe, mas Maria Teresa... Não sei se você já percebeu, está sempre envolta em luz. Nem podemos chegar muito perto dela sem que nos sintamos vulneráveis. Sei que é um Espírito Superior em missão de amor. Há tempos que protege o acidentado aí.

– Pensa que não sei disso? Ela foi Filipa, tendo sido mãe dele em pelo menos duas existências. Mas vamos ver logo mais a noite se ela não vai seguir os conselhos de André Luiz – e todos riram.

O momento do Evangelho havia chegado.

Seria realizado no quarto de Acássio, pois a fraqueza o mantinha no leito.

Maria Teresa colocou um CD, e os acordes da Ave Maria de Gounod invadiram o ambiente, trazendo paz às boas almas ali presentes. Os obsessores mantiveram-se a distância, pois bem sabiam do poder da luz. Mantinham-se insensíveis, pois tal procedimento, de alguma forma, isolava-os das emanações envolventes do amor fraterno.

– Não se deixem sensibilizar! Maria Teresa sabe hipnotizar, e, quando menos se espera, caímos em sono profundo e somos conduzidos a outros lugares. Não entrem em sintonia. Pensem nas obrigações que temos – repetia Moisés, também muito apreensivo.

Feita a prece de abertura, logo Maria Teresa foi cientificada, pelo mentor daquele trabalho, da presença inamistosa dos obsessores e da intenção deles. Pediu-lhe mais concentração e mais fé. Que ela não se abatesse, pois ele estaria com ela.

A leitura do Evangelho ficou por conta de Acássio. Embora sem muito ânimo, aceitou e fez a leitura, aberta ao acaso, e que recaiu sobre o capítulo XI- CARIDADE PARA COM OS CRIMINOSOS:

14 – A verdadeira caridade é um dos mais su-

blimes ensinamentos de Deus para o mundo. Entre os verdadeiros discípulos da sua doutrina deve reinar perfeitamente a fraternidade. Deveis amar os infelizes, os criminosos, como criaturas de Deus, para as quais, desde que se arrependam, serão concedidos o perdão e a misericórdia, como para vós mesmos, pelas faltas que cometeis contra a Sua lei.

Pensai que sois mais repreensíveis, mais culpados que aqueles aos quais recusais o perdão e a comiseração, porque eles quase sempre não conhecem a Deus, como o conheceis, e lhes será pedido menos do que a vós.

Não julgueis, oh! Não julgueis, meus queridos amigos, porque o juízo com que julgardes vos será aplicado ainda mais severamente, e tendes necessidade de indulgência para os pecados que cometeis sem cessar. Não sabeis que há muitas ações que são crimes aos olhos do Deus de pureza, mas que o mundo não considera sequer como faltas leves?

A verdadeira caridade não consiste apenas na esmola que dais, nem mesmo nas palavras de consolação com que as acompanhais. Não, não é isso apenas que Deus exige de vós! A caridade sublime, ensinada por Jesus, consiste também na benevolência constante, e em todas as coisas, para com o vosso próximo. Podeis também praticar esta sublime virtude para muitas criaturas que não necessitam de esmolas, e que palavras de amor, de consolação e de encorajamento conduzirão ao Senhor.

Aproximam-se os tempos, ainda uma vez vos digo, em que a grande fraternidade reinará sobre o globo. Será a lei de Cristo a que regerá os homens e somente ela será freio e esperança e conduzirá as almas às moradas dos bem-aventurados.

Amai-vos, pois, como os filhos de um mesmo pai; não façais diferenças entre vós e os infelizes, porque Deus deseja que todos sejam iguais; não desprezeis a ninguém. Deus permite que os grandes criminosos estejam entre vós para vos servirem de ensinamento. Brevemente, quando os homens forem levados à prática das verdadeiras leis de Deus, esses ensinamentos não serão mais necessários, *e todos os Espíritos impuros serão dispersados pelos mundos inferiores, de acordo com as suas tendências.*

Deveis a esses de que vos falo o socorro de vossas preces: eis a verdadeira caridade. Não deveis dizer de um criminoso: "É um miserável; deveria ser extirpado da Terra; a morte que se lhe inflige é muito branda para uma criatura dessa espécie". Não, não é assim que deveis falar! Pensai no vosso modelo, que é Jesus. Que diria Ele se visse esse infeliz ao Seu lado? Haveria de lastimá-lo, considerá-lo como um doente muito necessitado, e lhe estenderia a mão. Não podeis, na verdade, fazer o mesmo, mas pelo menos podeis orar por ele, dar-lhe assistência espiritual durante os instantes em que ainda deve permanecer na Terra. O arrependimento pode tocar-lhe o coração, se orardes com fé. É vosso próximo, como o melhor dentre os homens. Sua alma, transviada e revoltada, foi criada como a vossa para se aperfeiçoar. Ajudai-o, pois, a sair do lamaçal, e orai por ele. (ELIZABETH DE FRANÇA, Havre,1862).

Maria Teresa fez alguns comentários sobre a necessidade do perdão e, quando percebeu, Acássio estava sendo incorporado pelo obsessor. Quis impedir, pois a hora do Evangelho no Lar não é hora para incorporação, mas o mentor estava ajudando nos processos de ligação mediúnica, e ela ficou em prece.

Acássio estremeceu. Não sabia, mas detinha a mediunidade psicofônica, que se aflorava naquele momento.

– A paz seja com todos.

– E contigo também. Seja bem-vindo, irmão. Qual é o seu nome?

– André Luiz ao seu dispor, irmãzinha Maria Teresa.

– E a que veio, prezado irmão?

– Vim por recomendação do próprio mestre Jesus para orientar sobre o melhor procedimento para o restabelecimento de nosso Acássio.

O líder dos obsessores começou a se sentir tremendamente desconfortável, como se a luz o penetrasse e o cegasse. A voz lhe saía tremida e desagradável, naquela encenação.

Maria Teresa logo percebeu que aquele Espírito era um mistificador. Estava pretendendo enganar com falsa identidade; fazendo-se passar por outro para melhor impressionar e impor sua vontade. Por isso, encontramos em I João 4:1: "Não creiais em todo Espírito, veja antes se o Espírito é de Deus". E no Espiritismo: "É preferível rejeitar dez verdades a aceitar uma mentira".

Maria Teresa, amparada pelo mentor, disse-lhe:

– Somos gratos pela sua ajuda, mas, irmão, cremos que você está precisando mais de ajuda do que nosso Acássio. Não quer me acompanhar em uma oração? Será como uma chuva divina a lhe esclarecer os equívocos.

O obsessor, então, revoltou-se, mas foi obrigado a se calar, pois ainda nada falara do que pretendia. Buscando forças na vontade férrea, tentou se acalmar:

– Minha irmã está confusa. É natural que desconfie de minha real personalidade.

– Não estou confusa e não desconfio... Tenho certeza. Podemos ver além de suas palavras e sentimentos. É pena que você ainda não saiba a inutilidade que é tentar ludibriar os Mensageiros Divinos que me inspiram.

– Posso provar que sou André Luiz e que venho em missão de paz. Olhe, irmã, trago-lhe um recado de seu... do nosso mestre Jesus: não leve o doente ao Centro, amanhã. Esse médium é um charlatão; não há nenhum Espírito da Luz com ele e poderá fazer mais mal do que bem ao seu pobre irmão...

Sempre amparada pelo mentor, Maria Teresa arrematou:

– Irmão Moisés... talvez, algum dia, você se torne, pela vivência do Evangelho de Jesus, um segundo André Luiz, esse Espírito piedoso que tantos benefícios vem trazendo à humanidade.

Pego assim de surpresa e tendo o verdadeiro

nome revelado, Moisés emudeceu. E Maria Teresa declinou o Pai Nosso com toda a energia de sua alma. Percebia os fluidos amorosos caindo sobre o obsessor. Depois de algum tempo, o mentor o retirou, adormecido, e o entregou a um trabalhador espiritual do Centro Espírita onde os trabalhos de cura em favor de Acássio estavam sendo realizados.

O outro obsessor, que acompanhara Moisés, estava mudo de estupefação. Questionado pelo mentor se desejava acompanhar seu "chefe", ele relutou.

– Meu irmão, se não for hoje, será outro dia. "Nenhuma ovelha se transviará do rebanho" – ensinou-nos o querido Jesus. E, mais amedrontado do que convencido, deixou-se também conduzir. Assim, Acássio via-se livre dos dois implacáveis obsessores.

O livre-arbítrio de Moisés seria respeitado. Quando acordasse em outro ambiente, poderia decidir se ficaria ou não. Dependeria dele mesmo amenizar o carma negativo que fizera a si mesmo naqueles anos todos.

O Evangelho no Lar chegava ao seu final. Todos estavam surpresos, principalmente Acássio. Maria Teresa fez a prece final e muito agradeceu pela bênção recebida naquela noite, na qual dois Espíritos foram socorridos pelo amor de Deus. Enternecida, falou:

– Como vimos, a mediunidade é um instrumento bendito de trabalho; de ajuda ao próximo. Hoje, aqui, durante nosso Evangelho, não era o momento certo para a comunicação espiritual, mas o plano espiritual fez uma exceção, pois que jamais Moisés iria a um Centro para se comunicar.

Iracema e Arthur também estavam comovidos.

– Acho que, depois dessa, vou encarar o Espiritismo com mais seriedade. Bem sei que, no fundo, o que a maioria, inclusive eu, tem é preguiça de conhecer a verdade e ter de mudar seu modo de ser – disse Iracema.

– Eu também, disse Arthur. Mas como disse um conhecido meu outro dia, evoluir dói.

– E eu, se escapar dessa, vou voltar ao estudo e ao Centro. Só agora percebo que, se não os tivesse abandonado, não estaria nesta situação. Compreendi que mediunidade é uma bênção para todos, principalmente para os devedores perante a Lei, como eu – disse Acássio.

– Fico muito feliz pela decisão de vocês. Vamos começar uma nova etapa em nossa vida. Chega de tanto ódio. Vamos entender, de uma vez por todas, que aquele que odeia está preso em si mesmo e é o primeiro a receber os fluidos nocivos que emana – completou Maria Teresa.

No dia seguinte, no Centro, os ovoides foram retirados e encaminhados para tratamento em um hospital do astral. Seria um longo trabalho. Um extenso caminho a percorrer, mas se a lei é inexorável e sempre se faz, o amor de Deus está sempre presente.

Capítulo 21

Audiência na delegacia

Os demais obsessores de Acássio, em percebendo que Moisés, o líder, fora resgatado para a Luz, também abandonaram seus propósitos e seguiram seus caminhos. Um dia, também eles estarão receptivos para a ajuda que os Espíritos Superiores sempre estão prontos a realizar.

– Amanhã, iremos à Delegacia, conforme notificação. Tudo farei para remediar o mal. *"Oh Deus! Quando sair desta, não boto mais bebida alcoólica na boca. Eu juro!"*

– Acássio, quando for dar seu depoimento, não minta. Conte somente a verdade, pois o Delegado não é bobo e conhece todos os artifícios dos quais se valem os desrespeitadores das leis.

– Mas, Maria Teresa... não posso admitir que

bebi antes de dirigir. A pena será maior! Vou ficar mais encrencado!

– Você não bebeu?

– Bebi, claro, mas admitir...

– Deve admitir. Assuma o erro. Até porque, fizeram exame no hospital e constataram a presença de álcool no seu organismo. Está tudo no seu prontuário, cuja cópia está no processo. Mentiras só piorarão sua situação. Por mais dolorida que seja, a verdade deverá prevalecer sempre.

– Às vezes é necessário mentir, Terê! Posso dizer que era remédio... Uma *garrafada* feita com cachaça...

– Meu irmão, cresça! Nunca, nunca há necessidade de mentir! Seja homem e aprenda a assumir seus erros, tenham eles as consequências que tiverem. E depois... não disse que voltará a frequentar o Centro e a trabalhar com a mediunidade, que por graça de Deus você recebeu?

Acássio concordou. Não havia como discordar da sensatez de Maria Teresa. No seu depoimento, contou tudo como realmente havia acontecido:

"– O expediente da sexta-feira chegava ao fim. Fiz uma ligação telefônica para uma amiga, e acertamos de nos encontrar numa balada, onde sempre nos reuníamos nos fins de semana. Lembro-me de que ela ainda me recomendou que não bebesse, pois seria perigoso dirigir após ter bebido, já se sabe. Mas eu, um tolo pretensioso, respondi-lhe que dirigia melhor bêbado do que sóbrio."

– Poupe-nos dos seus comentários. Vá direto aos fatos.

– Desculpe-me, senhor Delegado.

" – Por volta das vinte e três horas, deixei os amigos e fui buscar o carro no estacionamento. Chovia e o asfalto estava escorregadio. De repente, um carro saiu de uma transversal e batemos. Meu carro atingiu três jovens que estavam numa mesa na calçada. O resto, o senhor já sabe."

O que Acássio não viu nem ouviu – portanto não falou no seu depoimento – foi a ação do Espírito Urbino, que, há tempos, o obsidiava, e os conselhos do amigo espiritual Átila.

Capítulo 22

Acássio é condenado

O INQUÉRITO POLICIAL ACABOU GERANDO UM PROcesso. Acássio teria de enfrentar o Tribunal do Júri. As famílias dos jovens acidentados e mortos queriam vê-lo atrás das grades.

A sala onde se efetuaria o julgamento estava lotada. Os familiares dos jovens mortos ocupavam as primeiras cadeiras e cochichavam, sempre olhando a porta pela qual logo Acássio entraria. De repente, um zum-zum-zum. Todos se voltaram para trás. Era o prisioneiro que entrava algemado. Estava pálido e triste. Os familiares choravam e suplicavam a Deus sua absolvição.

A família e os amigos dos mortos chamavam-no de assassino e foram advertidos por um membro daquela Corte. Ninguém poderia se manifestar para não influenciar os jurados.

Após algumas horas de tensão, nas quais a defesa pouco pôde fazer e o promotor de justiça encontrava-se exaltado, todos foram convocados a ficar em pé. O juiz, indiferente, no seu serviço rotineiro, leu o veredicto do corpo de jurados:

– Condenado a doze anos de prisão.

A família dos jovens mortos não ficou satisfeita. Acharam todos que três vidas valiam mais do que doze anos de prisão. E havia, ainda, os recursos da Lei, que poderiam livrá-lo antes de a pena ser cumprida integralmente.

Iracema, Arthur e Maria Teresa estavam abalados e entristecidos.

– Meu Acássio não merecia. É bom filho... trabalhador... Não fez de propósito. Foi uma fatalidade o que aconteceu.

Maria Teresa, beijando-lhe a face, disse-lhe baixinho:

– Fé, mamãe. Há males que vêm para o bem. Depois disso, acho que ele será mais responsável; crescerá mais...

– Como pode dizer isso? Como pode estar tão

calma quando seu irmão foi levado preso... algemado e humilhado?

– Também estou triste, mãe. Mas não devemos nos esquecer de que podemos ainda visitá-lo, abraçá-lo, matar as saudades e dar o nosso apoio, mas e as famílias dos mortos? E os próprios mortos, arrancados à vida de forma tão brutal? Não estão em situação pior?

Um dos irmãos de um dos jovens mortos alcançou-os no estacionamento e lhes disse, cheio de rancor, encarando Arthur e Iracema:

– Esse cara... filho de vocês, é um assassino safado e haverá de apodrecer na cadeia. Vamos recorrer. Foi muito branda a pena, e criminosos não devem andar por aí, cometendo outros crimes.

Iracema e Arthur iam falar quando Maria Teresa interveio:

– Você tem razão por estar revoltado. Nós nos desculpamos pelo que Acássio fez, mas nada mais poderá ser feito. Nada trará seu irmão de volta, infelizmente. Estamos fazendo preces, lá no Centro Espírita, para os desencarnados.

O outro cortou, de forma ríspida:

– Ahn... então, são espíritas?

– Com a graça de Deus – e Maria Teresa o envolveu em pensamentos de amor e paz. Desenxabido, o acusador disse:

– Eu também frequento um Centro. Não posso dizer que seja espírita, mas aprecio os ensinamentos do Espiritismo – disse, já arrependido de ter acusado a família, pois esta também sofria e não tinha culpa pelos atos de Acássio.

Maria Teresa, sempre o envolvendo em vibrações amorosas, disse-lhe:

– Então, deve conhecer o "O Evangelho Segundo o Espiritismo", não?

– Tenho lido alguma coisa, sim.

Maria Teresa retirou do porta-luvas do carro um volume de bolso do Evangelho e o ofereceu ao rapaz:

– Aqui encontramos, no capítulo XI – CARIDADE PARA COM OS CRIMINOSOS. Leia-o e terá mais um pouco de paz em seu coração. Sua revolta poderá prejudicar meu irmão, mas prejudicará mais a você mesmo, pois tais vibrações pesadas contaminarão primeiramente seus órgãos físicos. Isso devido à qualidade densa dos fluidos.

O rapaz aceitou indeciso o presente e se foi.

Iracema e Arthur, mais uma vez, admiraram aquela atitude tão digna e sábia da filha.

– Fosse eu – disse Iracema – já teria "posto a boca nele". Mas você...

– Devemos, sempre que possível, fazer amigos e orientar o desorientado.

Iracema e Arthur, desolados, sofriam superlativamente. A condenação do filho tirava-lhes a alegria de viver. Pagavam o preço da educação deficitária que lhe deram. Prepararam-no muito bem para a vitória da vida material; pagaram-lhe a melhor Faculdade; era hoje um empresário invejado e bem-sucedido... Mas... e a vida espiritual? O que sabia da vida após a morte? O que sabia sobre as responsabilidades de nossos atos? O que sabia da Lei de Ação e Reação? Nada! Os pais sequer tocavam no assunto com ele. Eram tremendamente preconceituosos e, quando a filha Maria Teresa optou pelo Espiritismo, ficaram chocados e até esconderam da família. Só a mudança visível dela, que se tornou ainda mais pacienciosa, tolerante, amiga, fez com que calassem suas censuras. Não mais a importunaram, mas também quase nunca aceitavam o convite para frequentarem o Centro com ela. O próprio Evangelho no Lar era feito sob a má vontade deles, que muitas vezes preferiam ver a novela ou o futebol.

Após a condenação de Acássio, a dor os levou a frequentarem a casa espírita. Maria Teresa, mais uma vez, convenceu-se de que aquele que não chega por amor, o faz pelo sofrimento. Muito se beneficiaram com os esclarecimentos ali recebidos, mas a dor não mais os deixou.

Arthur se encantava com tudo o que aprendia. Os passes muito o ajudavam. Iracema, todavia, passado o entusiasmo das primeiras semanas, voltava a mostrar azedume e a criticar o bom ânimo do marido. Parecia-lhe que estavam sendo egoístas, sentindo a paz no coração enquanto o filho padecia na prisão. Assim, não se permitia ser feliz e confiar em Deus e na Sua justiça.

– Cema, o que se passa com você? Parece que faz questão de sofrer...

– Não acho justo o que aconteceu com Acássio.

– Quem somos nós para falar em justiça? Para questionar as razões de Deus?

– Ele sempre foi bom filho. Acho que foi injusta a condenação.

– Pois é. Veja como tudo tem dois lados: os

pais dos jovens mortos acharam muito pouco o tempo que ele ficará preso. Acharam que deveria ser-lhe dada a prisão perpétua, uma vez que aqui não há pena de morte, senão, seria o que pleiteariam. Chegaram a dizer que lutariam pela mudança da Lei, que eram a favor da pena de morte para assassinos...

Arthur não pôde continuar. A voz se lhe embargou e ele foi chorar no quarto.

Iracema deu de ombros: *"Ainda bem que não temos aqui a pena de morte"*.

Capítulo 23

Caridade pratica-se em qualquer lugar

EM VIRTUDE DE TER FORMAÇÃO SUPERIOR E POR SER réu primário, Acássio teve algum privilégio na prisão. A irmã e os pais sempre oravam por ele e nunca faltavam às visitas usuais. Apesar disso, ele sofria, mas não se revoltava. Quase nunca sorria. O obsessor mais ferrenho se afastara, mas a paz não lhe visitava a alma.

Maria Teresa levou ao irmão, na primeira visita, um exemplar de "O LIVRO DOS ESPÍRITOS":

– Aqui está, Acássio. Leia-o e verá como se lhe alargarão os horizontes. Este livro foi uma verdadeira dádiva no meu caminho. Feliz seria a humanidade se todos se dessem à boa vontade de lê-lo.

O prisioneiro pegou o livro. Conhecia-o, porém nunca sentira vontade de lê-lo.

– Já conheço este livro.

– Não. Você não o conhece verdadeiramente. Folheou-o displicentemente quando eu lho dei, mas ler, compreender e aplicar, nunca o fez. Tenho ainda vários romances espíritas, através dos quais se aprende muito também.

– É verdade. Mas prometo que vou lê-lo com atenção. Qualquer dúvida, falo com você – e abraçou a irmã, não conseguindo reprimir as lágrimas.

– Acássio, leia mesmo, pois esse livro alarga nossa compreensão. Bem disse Jesus: "Conhece a verdade e a verdade te libertará". Se você já o tivesse lido naquela ocasião, essa tragédia teria sido evitada.

– Talvez.

– Talvez, não! Tenho certeza!

– Mas, então... o Espiritismo não quer que nos divirtamos? Quer-nos como velhos carolas que não se divertem?

– Olhe aqui, Acássio. Acho que o superestimei, achando-o mais inteligente do que realmente você o é. De onde você tirou isso? É claro que o divertimento, o lazer, não são barrados pelo Espiritismo! É claro que ele não nos quer carolas que vivam só rezando e que veem pecado em tudo. É claro que não condena a alegria, os divertimentos, os prazeres. Desde que saibamos nos divertir com moderação, sem prejuízo ao nosso próximo, nada há de condenável. O Evangelho é também alegria. Só os imaturos acham que, para se divertir, têm de beber, gritar, se empanturrar de comida e, muitas vezes, ofender os mais fracos porque se sentem mais fortes.

– Puxa... você pega pesado, irmãzinha!

– Ainda não consigo disfarçar minha indignação quando ouço besteiras como a que você acabou de me dizer. Mas tudo bem, um dia você aprende. Porém não demore muito, pois a vida passa rápido e poderá surpreendê-lo sem as credenciais necessárias para uma boa morte – falou rindo e apontando o dedo indicador no rosto do irmão.

– E você, pelo jeito, já tem tais credenciais, né?

– De jeito nenhum! Se dei a entender isso, expressei-me mal. Ainda não tenho os méritos que gostaria de ter. Estou me esforçando bastante para tê-los e espero que minha vida aqui seja longa a fim de que eu possa conseguir tais credenciais.

Acássio abraçou-a:

— Maria Teresa, fico devendo-lhe mais essa. Que Deus nunca a desampare.

— E nem a você, meu irmão. Na próxima visita, trarei mais livros. Trarei também meu noivo, João Pedro, para lhe apresentar.

— Hummm... Não perdeu tempo, hein?

— Nunca perco tempo. Já lhe disse que a vida passa rápido e logo teremos de regressar ao lar primitivo.

— É verdade. Eu tenho medo da volta porque ainda nada realizei... ou melhor... realizei muitas besteiras.

— Nunca é tarde para mudar e recomeçar. Dê logo um basta à inércia e mãos à obra!

Acássio calou-se de repente. Uma nuvem de tristeza toldou-lhe o semblante. Maria Teresa percebeu:

— O que foi agora? Alguma lembrança ruim?

— Só lembranças ruins. Eu poderia estar com você lá no Centro... ajudando os outros e ajudando-me também, mas agora... Aqui encarcerado...

— Não sabe que se pode fazer o bem em qualquer lugar que estejamos? Não sabe que Paulo de Tarso, estando preso e impossibilitado de visitar os núcleos cristãos recém-criados, passou a escrever cartas? Tais epístolas orientavam e nos orientam até hoje.

Acássio ficou pensativo por alguns instantes.

– Acho que nada de bom serei capaz de fazer, Terê. Ainda mais agora, aqui preso. Meu Deus, o que fiz de minha vida? O que posso fazer aqui dentro?

– Tive uma ideia!

– Qual?

– Você poderá ler os livros da codificação para os detentos. Seria ótimo para você e para eles.

– Vou pensar nisso. Mas eles são muito agressivos! Será que me ouvirão?

– Se não tentar, você nunca poderá saber.

A hora de visita se encerrou, e Maria Teresa retornou. Estava feliz, apesar de tudo. Percebeu o quanto é acertado o ditado popular: "Deus escreve certo por linhas tortas". Agora o irmão teria tempo para ler para si e para seus companheiros de cela. Repensaria sua vida de equívocos e ajudaria seus companheiros.

Desde o triste acontecimento, Arthur era assíduo frequentador da casa espírita junto com a filha Maria Teresa. Iracema, no entanto, preferia ficar em casa, assistindo às novelas. Não seguia o Espiritismo, mas incentivava o marido a não faltar às reuniões. Era contraditória, mas Arthur não queria forçar nada. O tempo haveria de modificá-la também.

– Sabe que nosso filho está estudando o Espiritismo? Lê e explica aos companheiros de cela. Mesmo lá dentro, consegue ajudar.

– Desde que com isso ele melhore... É o que mais desejo.

Capítulo 24

A prisão dos viciados

ENQUANTO ISSO, OS TRÊS VICIADOS DESENCARNADOS estavam em uma cidade do baixo astral, também aprisionados em uma cela imunda. Continuavam atormentados e suplicavam por narcóticos. Assim que mais ou menos refeitos, se assim podemos nos exprimir, pois a situação de viciados é sempre doentia, foram chamados pelo chefão:

– Acabou a moleza, seus vagabundos. Agora só terão drogas se mostrarem serviço. Caso contrário, não terão nada! Nem um grama do pó. Entenderam?

Os três alienados prostraram-se diante do chefe. Sabiam que estavam em suas mãos e que só teriam a droga por intermédio dele. Subserviente, um deles disse:

– É só ordenar que obedeço. Que posso fazer?

Os outros lhe fizeram coro.

– Muito bem. Gosto de gente inteligente.

– Por que estamos presos? Não somos criminosos e ser viciado não dá cadeia nem para os encarnados quanto mais para nós. Isso é Lei... Onde está o juiz que nos condenou? Precisamos marcar uma audiência.

O chefe gargalhou:

– Estúpidos. Aqui eu sou o Prefeito, o Governador, o Presidente e o Juiz. Agora calem a maldita boca!

– Mas...

– É o seguinte, seus mequetrefes: poderão ser libertados se prometerem voltar ao mundo dos encarnados para aliciar o maior número de pessoas. Jovens, crianças, adultos, velhos... doentes... sadios... não importa. É uma questão de honra, pois os trabalhadores da Luz estão nos desafiando. Alegam que o amor a tudo transforma; que as trevas não têm poder sobre o líder deles, aquele que não pôde salvar-se a si mesmo. O tal Cordeiro de Deus. Ah... Ah... Ah...

Claro que os trevosos não poderiam compreender o que significou para o mundo a vinda de Jesus, nem por que Ele se deixou imolar por amor a nós. Claro que não poderiam entender que o Mestre deveria encerrar Sua missão planetária dando-nos o exemplo de compreensão, renúncia e perdão. Claro que não podiam compreender a grandiosidade do gesto, sem o qual Ele seria apenas um Rabi a mais na história judaica e, dessa forma, esquecido com o passar dos séculos. A humanidade precisava ser sacudida para poder despertar para a vida espiritual. Só assim Seu Evangelho atravessou os milênios e chegou até nós.

Leonardo, o mais jovem, já sentia os efeitos da abstinência forçada e clamava pela droga.

– Faço tudo o que quiser, mas me dê mais um pouco da "branca", que já não suporto mais, sinto-me morrer. Não quero morrer! Por favor, salve-me.

O chefe o olhou e, longe de se compadecer, disse-lhe às gargalhadas:

– Idiota! Alienado, filho do cão! Acaso não *sabe* que já tá morto? Mortinho da silva? Olhe pra você e *veja* que não *tem* mais aquele corpo... aquele rostinho de anjo que mamãe beijava.... Ah... Ah... Ah... Acorde, palhaço!

Leonardo o olhou e, por alguns segundos, julgou que falava com um louco.

– Você também tá drogado, cara! Então, empreste-me um pouco da sua! Por favor...

– Seu cretino alienado! Sou esperto demais para deixar que a droga me domine. Por isso sou chefe aqui. Ninguém aqui tem condições intelectuais e por isso é que são meus escravos. Agora, acorde de vez. Saiba que tá desencarnado, que aquela boa vida de mocinho mimado acabou pra você. Aqui não tem papai nem mamãe para lhe botar no colo e lhe dar tudo o que pede. A lei aqui não é moleza, não! É bom ir se acostumando.

Os outros dois, Gregório e Dagoberto, tremiam. Dagoberto estava completamente alheio ao que se passava e se mostrava acabrunhado. Em dado momento, Gregório entrou em pânico e se pôs a gritar:

– Eles voltaram! Querem me pegar! Estão rindo de mim, os miseráveis!

– Cale a boca. Aguente firme sua rebordosa[10], imbecil – disse o chefe.

– Por favor, preciso da farinha... Tenho dinheiro... Posso pagar.

---

[10] Nome dado pelos efeitos posteriores ao uso de drogas. (irritabilidade, confusão mental, fadiga, alucinação, etc. (N.A.)

O chefe viu que, naquele momento, seria impossível conversar com eles.

– Voltem pra cela. Só terão nova cota depois de mostrarem serviço. E lembrem-se de que não mais pertencem ao mundo dos vivos. Idiotas! Todos morreram estupidamente enquanto se drogavam, e por essa estupidez acabei perdendo três razoáveis colaboradores. – E, debochando, acrescentou: – Tá certo que não eram dos melhores. Faltava-lhes inteligência, mas sempre conseguiam aliciar alguns.

Os três não se moveram dali. Olhos esbugalhados, olhavam o chefe, sem acreditarem que estavam mortos.

Leonardo, o mais audacioso, retrucou:

– Como pode dizer que estamos mortos? Não me vê? Olhe. Toque em mim. Sinta meu coração. Minha pulsação... Você *tá maus, cara!* Tá drogado e não fala coisa com coisa.

Na verdade, já haviam se esquecido, momentaneamente, do desastre que lhes causara a desencarnação.

O chefe levantou-se e foi até ele. Esbofeteou-o. Uma, duas, várias vezes. Leonardo rodopiou e foi ao chão. Gregório e Dagoberto aproveitaram a confusão e saíram em desabalada carreira. O trevoso retirou um apito do bolso e apitou duas vezes. Imediatamente, dois Espíritos, um em forma feminina, acudiram:

– O que foi, chefia?

– Peguem aqueles dois. Malditos! Pensam que podem fugir daqui. Quero-os de volta, já! Levem a coleira. Que eles voltem andando de quatro, como cachorros. Agora, chispem! E não voltem sem eles.

Nicanora e Natanael saíram correndo. Sabiam que, se falhassem, o castigo seria duro: duas semanas sem droga e sem alimentos.

Muitos acham que não é possível ser o plano dos desencarnados semelhante ao nosso. Mais uma vez lembramos de que a cópia é aqui; que o original é lá. O plano material poderá ser ou não uma realidade para o Espírito, porém o espiritual é e será sempre o original; de onde viemos e para onde retornaremos.

Por que muitos Espíritos já desencarnados se julgam vivos? Ou melhor, ainda se julgam encarnados, pois que a vida continua ainda mais intensa do lado de lá. Vejamos o que o Espiritismo diz sobre isso. "Quanto mais primário o Espírito desencarnado, mais densa será a matéria que lhe constitui o perispírito, ou seja, o corpo que sobrevive à morte física. Quanto mais afastado da vida espiritual durante a vida terrena, mais a ignora. E quando desencarna, principalmente quando não teve tempo para meditar sobre a morte, como nos casos de suicídio ou morte súbita, ou quando não evoluídos moralmente, vão para o lado de lá completamente inconscientes. Quando acordam, porque seus corpos ainda continuam densos, porque encontram uma realidade em tudo semelhante à que deixou, porque sentem fome, frio e, no caso de viciados, desejo, não percebem que já fizeram a viagem de retorno. Muitos continuam nos próprios lares após o desligamento e se sentem confusos porque falam com os familiares e são ignorados. Muitos não compreendem por que o seu lugar à mesa foi tomado por outra pessoa. Isso os perturba até o dia em que, então, poderão ser esclarecidos. E mesmo depois disso, ainda a dúvida persiste por um bom tempo".

Quando nossa humanidade se preocupar mais com a existência espiritual, com a realidade dela, então as desencarnações serão suaves; tão tranquilo como adormecer e despertar. Sem surpresas. Sem traumas. Sem sofrimentos.

Quando Leonardo pôde se livrar dos chutes e pontapés que o chefe reiniciara, disse choramingando:

– Não estou morto! Você é um louco e deveria estar preso!

– Se acha que estou mentindo, seu bufão chorão, então me diga: onde estão o *papi* e a *mami*, que sempre o mimaram?

– Eles... eles não devem saber que estou nesta cidade doida. Como foi que o senhor me trouxe para cá? Qual é a sua intenção? Fui raptado? Miserável!

– Eu o trouxe pra cá porque você *era* um dos nossos. Como os malditos que fugiram. Você e eles deveriam me agradecer por encontrarem minha porta aberta, cães imundos!

– Por que deveria agradecer se o senhor só me ferrou?

– Quando o localizei, seu porcaria, você *tava* nas mãos do irmão daquele que você *matô* pra *roubá*. E foi tão estúpido, que ficou se drogando na frente de um bar, quando foi atropelado e perdeu a carcaça.

Leonardo se esforçava para se lembrar. Aos poucos, foi tomando ciência do que lhe aconteceu. A fúria o tomou e esbravejou:

– Sim... aquele desgraçado! Eu vi o carro capotar, mas não pensei que tivesse me atingido. Ah... eu não podia morrer! Ainda sou muito jovem – e, alucinado, avançou sobre o chefe.

– Olha aqui! Agora já chega! Pensa que *tá* na sua casa, onde todos se curvavam ao seu desejo? Desgraçado! Mal-agradecido! Eu devia deixá-lo lá com aquele Espírito enfurecido. Ele daria o que você merece – ato contínuo, agarrou-o e o jogou no chão pedregoso. O pobre gemeu e continuou choramingando.

– Tenho amizades na polícia... Você vai se arrepender...

O chefe estava realmente enfurecido:

– Levante daí, palerma. Você é hilário. Tenho paciência porque já reencarnou daqui com o fim de continuar trabalhando no aliciamento. Confesso que me desapontei com seu desempenho. A ideia era aliciar sem se envolver, para não prejudicar a inteligência já tão... tão... fuleira. Mas tinha de se viciar e prejudicar o serviço!

Leonardo levantou-se. De repente, mudou o tom e suplicou ao chefe para lhe contar tudo com detalhes e, se possível, ajudá-lo a punir o motorista inconsequente que provocou sua precoce desencarnação.

O chefe, então, falou-lhe de Acássio. Deu a ficha completa e lhe indicou até a prisão onde ele estava cumprindo pena. Mas exigiu que ele conseguisse aliciá-lo e a tantos quanto lá estivessem presos.

Leonardo prometeu e quis partir imediatamente.

– Calma. Terá de esperar a volta dos outros dois idiotas e se melhorar primeiro. Só então partirá para a prisão, onde acertará suas contas.

– Ahn... então o desgraçado foi preso? Menos mal. Se estou realmente morto, ele também vai morrer! "Olho por olho, dente por dente".

O chefe deu-lhe a cota de droga. Com desespero, usou-a imediatamente.

Vejamos agora o que aconteceu aos dois outros que fugiram.

Gregório e Dagoberto correram e se esconderam em um barracão em ruínas. Tremiam como varas ao vento. Enfraquecidos. Esfomeados. Transpiravam excessivamente, sofrendo as consequências da falta da droga. Deitaram-se e ficaram em silêncio. Depois, ouviram arruaças lá fora:

– Alguém viu dois desgraçados correndo? Viu pra que lado eles foram? – perguntou Nicanora.

Como ninguém soube ou quis informar, o Espírito em forma de mulher esbravejou e socou violentamente um velho que caminhava com grande dificuldade. Ele foi ao chão e se chafurdou na lama negra e fétida que nunca secava. Quando pôde, saiu correndo e se enfiou numa espécie de labirinto sem fim.

Os fujões tudo ouviram e mais assustados ficaram. Quando perceberam que os perseguidores estavam longe, levantaram-se. Estavam espantados com o que o chefe falara.

– O que você acha? Será que estamos mesmo mortos?

– Você se julga morto?

– Não sei... acho que não. A morte não pode ser isso...

– Mas por outro lado... Não me lembro de nada!

– Eu tampouco. Por mais força que faça, não consigo me lembrar. Até meu nome esqueci...

– Acho que perdemos a memória... Isso aqui deve ser um manicômio.

– Acho que estamos loucos e nossa família nos internou aqui.

– Mas que hospital maldito é esse? E por que ninguém vem nos visitar?

Silenciaram ao ouvir um ruído e passaram a cochichar.

– E aquele maluco? Ele afirmou que já morremos.

– Deve ser algum outro interno. Um louco em pior estado do que nós. Imagine! Sinto-me mais vivo do que nunca.

– Eu também, cara! O que será que aconteceu com o... qual é mesmo o nome dele?

– Esqueci. Esqueci também o meu. Nem de minha família me recordo bem. Parece que meu cérebro embaralhou. Só me lembro do *crack*... Desgraçados! Ninguém quer me informar onde estão os traficantes daqui.

Os perseguidores estavam preocupados. Os dois desapareceram. Não estavam em lugar algum. De repente, surgiu, à frente deles, um jovem, terrível em sua feiura:

– Posso lhes contar onde se escondem os fugitivos.

– Então diga, amigo! – disse Natanael.

– Amigo o caramba! Vocês são amigos de alguém? Sei que são o braço direito do chefe. Seguinte: só falo se me derem um pouco de pó, pois o meu já terminou e estou necessitado.

— Sabe que posso fazer você falar, ô maladragem?

— Então ficarão sem saber onde os fujões estão escondidos. Decidam.

O Espírito feminino disse, impaciente, ao ouvido do companheiro:

— Dê-lhe a droga. Depois que ele falar, nós a tomamos de volta e ainda poderemos lhe dar uma sova homérica. O idiota vai ver com quem está lidando.

O outro riu e concordou.

— O.K! Concordamos.

— Então, passe a droga.

— Só depois que você falar onde estão os dois fugitivos.

— Assim não tem acordo, velhinho.

Mas a mulher, impaciente, ordenou que lhe fosse entregue a droga.

— Pronto. Aí está. Agora conte.

— Estão pensando que sou bobo, ou o quê? — E

assobiou. Depressa, apareceram dois enormes cães. Dentes pontiagudos. Salivando... Rosnando... Os perseguidores recuaram. Conheciam aqueles cães adestrados para a luta.

O leitor poderá se espantar, mas, no baixo astral, existem feras, verdadeiras ou não. Aqueles cães não eram realmente cães, e sim Espíritos primários que, para causar medo, assim se transformavam, pois o perispírito é matéria moldável e pode adquirir as mais variadas formas pelo poder do pensamento e da vontade. Poderão ainda questionar que ali todos já estavam desencarnados, então não deveria haver o temor da morte. Boa conclusão, mas incompleta. De fato, o Espírito não pode morrer de novo, mas, por ser o corpo astral constituído de matéria densa, quanto mais atrasado o Espírito, mais densa a matéria, a ponto de alguns deles o confundirem com o corpo físico, sofrerão a dor e terão também o corpo dilacerado se forem atacados pelos caninos raivosos. Ficarão lanhados e sentirão dor. Vejamos o que diz o Espírito André Luiz no seu livro EVOLUÇÃO EM DOIS MUNDOS, Segunda Parte, Capítulo III, sobre isso:

"Em que condições o corpo espiritual de um desencarnado sofrerá compressões, escoriações ou ferimento?"

Resposta: – Dentro do conceito de relatividade, isso se verifica nas mesmas condições em que o corpo físico é injuriado dessa ou daquela forma na Terra.

Nicanora e Natanael estavam amedrontados. Os dois cães deitaram-se aos pés do dono.

– Esperem um pouco. Já, já, saberão onde encontrar os fujões.

E antes que os dois se refizessem da surpresa, o Espírito horrível aspirou ruidosamente o pó. Depois, gargalhou:

– Vocês não passam de uns incompetentes. Vou contar ao chefe que sem minha ajuda vocês não encontrariam os dois.

Natanael avançou para ele, que recuou alguns passos.

Os dois cães se levantaram e teriam saltado sobre ele se o dono não interviesse.

– Você é um dos tais que não consegue ouvir verdades. Idiota! Saiba que posso acabar contigo quando quiser. Já morreu uma vez, não morre mais, mas vai ficar um tanto prejudicado, "mermão".

– Então, venha pra uma luta igual. Mande essas duas feras embora.

Nicanora, espumando de ódio:

– Você vai se arrepender, cara! O chefe vai mandar açoitá-lo até sangrar. Espere pra ver, ô filho duma ratazana!

Enquanto isso se passava perto dali, os dois perseguidos continuavam conversando. E quanto mais falavam, mais confusos ficavam. Tocavam-se. Aspiravam a longos haustos como a se certificarem de que estavam vivos.

De repente, emudeceram. Diante deles, estavam os dois perseguidores mais o jovem feio e os dois cachorros.

– Aí estão eles. Costumo cumprir minhas promessas.

Os dois fujões foram algemados e espancados duramente. Em seguida, levados ao chefe e presos novamente.

Os perseguidores relataram o acontecimento com o Espírito feio e seus cães. O chefe riu:

– Ahn, é o Capetinha. Ele sempre faz das suas. Você não conhece a peça?

– Só de longe, mas nunca chego perto, que não sou besta. Os cães assustam...

— Cães? Ora, ora, agora Arlindo e Silvério estão se apresentando como cães[11]?

Os perseguidores se olharam. Sentiram-se ridículos. O chefe continuou:

— Capetinha é muito eficiente. Mas por que ele ameaçou vocês?

Os dois se calaram.

— De outra vez, eles vão se ver comigo! Havia me esquecido dessa possibilidade.

— Você tem se esquecido de muitas coisas, "mermão". Acho que *tá* na hora de se aposentar – e caiu na gargalhada. — Mas não me respondeu: por que o Capetinha o ameaçou? Preciso saber. Não querem que ele seja castigado?

Não houve tempo para a resposta. Num átimo, o Capetinha estava em sua presença:

O líder olhou com desdém os dois ajudantes:

— E então? O que aconteceu, seus rebaixados? Capetinha, o que tem a dizer?

Natanael e Nicanora fulminavam com o olhar o Espírito.

---

[11] No astral inferior, muitas vezes Espíritos mudam a sua forma perispiritual visando a assustar. Ocorre, ainda, que poderão ter sofrido hipnose por parte de algum vingador. Muitos não conseguem voltar, sem ajuda, à sua aparência normal. (N.A.)

– Foi bom que perguntou, chefia. Eu lhe digo o que aconteceu.

E, rindo sempre, contou, atribuindo somente a si mesmo todo o mérito pela captura dos fujões:

– Se não fosse minha ajuda, esses dois palermas estariam até agora procurando.

– Você me paga. Espere pra ver, Capetinha – ameaçou Nicanora.

O chefe, abraçando o Capetinha, disse-lhe:

– Estarei ausente por alguns dias. Quando regressar, conversaremos e distribuirei suas tarefas. Até lá se comportem. E, se forem brigar, avisem-me que quero assistir.

Risos.

– E os safados que estão presos? – perguntou Capetinha.

– Mantenha-os presos até minha volta. Dê--lhes um pouco do pó antes que enlouqueçam, pois isso prejudicaria meus planos. Agora chispem, cambada de mequetrefes.

Depois, voltando-se para o Capetinha:

– Pegue o pó com o Adamastor e não banque o esperto. Saberei se você se aproveitou da situação e roubou a preciosa farinha. Cuide-se! Vou estar ausente, mas meus olhos ficarão aqui, a vigiar.

Capítulo 25

A obsessão continua

ACÁSSIO SUBSTITUIU O REMORSO IMPRODUTIVO PELO trabalho regenerador. Lembrou-se das palavras do apóstolo Pedro: A CARIDADE COBRE A MULTIDÃO DE PECADOS. O tempo que passou, os atos praticados, não voltam, mas podemos melhorar o futuro agindo no bem hoje, agora. O primeiro passo para o reequilíbrio com a Lei ultrajada é o arrependimento sincero. Este gera o remorso e a necessidade de expiar o erro cometido. De tal forma que, arrepender-se, ficar com remorso, mas nada fazer em benefício do prejudicado ou da sociedade, de nada vai adiantar; o remorso será improdutivo, gerando doenças e desconforto emocional. O muito que o devedor conseguirá é ficar girando sempre em torno dos mesmos pensamentos (monoideísmo) e se desarranjar psiquicamente. Informam-nos os Espíritos

Superiores que a prática da caridade com amor e a não reincidência nos erros são os caminhos para a paz. Ratificamos: remorso sem resposta no bem é contraproducente.

Acássio arrependia-se dos seus erros e equívocos, todavia não ficava chorando sobre eles; procurava mudar suas vibrações; não alimentar arrependimento improdutivo, mas trabalhar por sua paz e pela paz alheia. Estava estudando os livros da codificação Kardequiana que Maria Teresa lhe trouxera. A cada página lida, mais se admirava com as verdades e coerências ali encontradas. Estivera tanto tempo perto da fonte e estava morrendo de sede.

Os companheiros de cela, no início, caçoavam, porém, vendo que ele realmente se transformava dia a dia, passaram a respeitá-lo. Muitos dos livros de Kardec e alguns romances de conteúdo positivo e esclarecedor eram folheados por eles, porém a transformação requeria-lhes, ainda, muito tempo. A luta para "matar a criatura velha" e fazer ressurgir a "nova e espiritualizada" demanda algum tempo, pois os atos constantemente realizados e repetidos à exaustão, enfim, os condicionamentos, criam raízes e nos levam a caminhar sempre pelos mesmos caminhos outrora percorridos. Assim, para redirecionarmos nossa vida, é necessário fazer novo itinerário; ter muita força de vontade e determinação; fé em Deus e em nós, pois, em última instância, somos Seus filhos.

Um dia, Acássio leu um trecho do Evangelho para eles.

O Espírito Leonardo, que estava ali para se vingar e aliciá-lo nas drogas, estava muito aborrecido, pois aquelas leituras não favoreciam acesso à mente dele. Não havia sintonia e nada acontecia após seus incentivos para viciá-lo. Em contrapartida, era quase que obrigado a ouvir as leituras evangélicas, mas, percebendo a animosidade de Luiz, um dos detentos, Leonardo soprou-lhe negatividades no ouvido. Ele sentiu aquela vibração doentia e respondeu a Acássio:

– Cara, isso é balela. O Espiritismo é coisa de gente fraca dos miolos. Aliás, toda religião foi feita pra gente fraca. Alguém já disse que religião é o ópio da humanidade. Eu não! Não caio nessa!

Leonardo olhou para Acássio a fim de ver se tais palavras o desestimulariam. Não esperava a resposta de Acássio:

– Então, você conhece o Espiritismo, Luiz? Já leu essas obras? Que bom, então vamos discutir alguns pontos.

Os demais companheiros de cela olharam-no:

– Então, seu estafermo! Conhecia o Espiritismo e não falava nada? – perguntou Adilson, um dos condenados.

Luiz, mais do que depressa, respondeu:

– Quem disse que conheço? Só ouvi falar, seu idiota!

– Ora... idiota é você, pois só um idiota se põe a falar do que não conhece. Se mesmo conhecendo, não estamos livres de errar em nossas opiniões, imagine quem só ouviu de orelhada... quem nunca o estudou... – respondeu Adilson, tomando, acintosamente, a defesa de Acássio.

– Preconceito. Isso se chama preconceito. Infelizmente, muitos julgam sem saber. "Ouvem o galo cantar, mas não sabem onde" – e se julgam entendidos no assunto, com direito a dar opinião. Somos, ainda, almas infantis e desconhecemos a recomendação de Jesus: "Não julgar para não ser julgado" – disse Dedé, um rapaz negro que muito apreciava as leituras de Acássio. Era tal jovem o único dos ouvintes que se modificava ante tais esclarecimentos. Já havia lido quase todo o "O LIVRO DOS ESPÍRITOS" e fazia muitas perguntas, que eram respondidas com muita satisfação por Acássio.

Sugestionado pelo Espírito Leonardo, o interlocutor revidou:

– Espiritismo é para ignorante. Coisa de gente atrasada! Imagina... reencarnar... Quem quer reencarnar nesta porcaria de mundo?

– Ô mentecapto! E quem disse que Deus consultou sua opinião antes de fazer Suas Leis?

Em vendo que os dois logo se pegariam aos socos, malgrado a cela estar superlotada, Acássio interveio:

– Calma, amigos! Luiz, você foi mal... Como pode julgar alguma coisa que desconhece? O Espiritismo não obriga ninguém a aceitar seus conceitos, mas incita-nos ao estudo, ao raciocínio lógico, sem ideias preconcebidas. Portanto, desarme-se, amigo. A Doutrina Espírita busca apenas a verdade. Não quer que você aceite nada porque alguém mandou você aceitar, mas convida-o à reflexão, ao uso do bom senso. Não foi religião organizada por homens encarnados, e sim por Espíritos desencarnados que vieram dar seus depoimentos. Assim sendo, o Espiritismo tem menor chance de erros, pois foram inteligências desencarnadas, ao comando de Jesus, quem no-lo trouxe até nós.

– Como assim? Não foi feita por homem encarnado? E o tal Allan Kardec não era um homem vivo, ainda? – tornou o jovem.

Com muita serenidade, Acássio respondeu:

– Allan Kardec, ou Hippolyte Léon Denizard Rivail, foi o codificador do Espiritismo e não seu inventor. Nasceu dia 3 de outubro de 1804, em Lyon, na França. Foi autor de várias obras didáticas, que em muito contribuíram para o progresso da educação, naquela época.

Todos estavam atentos, e Acássio, muito inspirado, continuou:

– Em 1855, o professor Rivail se deparou, pela primeira vez, com o fenômeno das mesas girantes, que saltavam e respondiam perguntas. Ele, como cientista que era, passou a observar esses fenômenos; pesquisou-os cuidadosamente, graças ao seu espírito investigador, pois que a Ciência é objetiva e não subjetiva.

– Imagina! Mesas girantes... Já ouvi alguma coisa sobre isso.

– Pois é, Luiz, o professor Rivail, diante daquele fato extraordinário, não elaborou qualquer teoria concebida pela emoção do momento, mas insistiu na descoberta das causas. Via ali algo fantástico, pois a mesa, não tendo cérebro, não poderia responder perguntas, e ela o fazia com respostas acertadas e lógicas. Aplicou a esses fenômenos o método experimental, com o qual já estava familiarizado na função de educador e cientista. E, partindo dos efeitos, remontou às causas e reconheceu a autenticidade daqueles fenômenos. Convenceu-se da existência dos Espíritos e de sua comunicação com os homens. Era chegado o momento de a humanidade saber mais sobre o mundo dos Espíritos.

Todos os detentos estavam interessados, embora Luiz negasse com a cabeça, em movimento sistemático que demonstrava discordância.

Acássio fez um interregno para dar tempo à assimilação, após o que, tranquilamente, como alguém que está seguro do que diz, continuou:

– Grande transformação se operou, então, na vida do professor Rivail. Convencido de sua condição de Espírito reencarnado com uma grande missão, segundo lhe dissera o Espírito de Verdade, adotou um nome já usado em existência anterior, onde vivera como um sacerdote druida chamado Allan Kardec. Tal pseudônimo serviu também para separar suas obras didáticas das obras que escreveria como organizador, codificador do Espiritismo.

Então, ratificando: Allan Kardec não foi o inventor do Espiritismo, e sim seu organizador; seu codificador. O Espiritismo foi trazido pelos Espíritos desencarnados sob a liderança do Espírito de Verdade. Também não foi dissidência de nenhuma outra religião, como, por exemplo, o foi o Protestantismo, que se desligou da Igreja Católica por não concordar com o que ela vinha ensinando ao povo e, principalmente, pelas atitudes dos seus membros.

Após as mesas girantes, que serviram apenas para chamar a atenção para a realidade espiritual, o Espírito de Verdade confirmou as informações que deveriam reviver o Cristianismo, já um tanto deturpado. Fazia-se perguntas que eram respondidas pelos Espíritos e somente quando tais perguntas eram respondidas através de vários médiuns, em diversas partes do planeta, e passadas todas pelo crivo da razão e do bom senso, eram dadas por boas e verdadeiras.

Seguiu Acássio, conversando e explicando sob o olhar indiferente de alguns e de interesse de outros.

Quase todos os dias, alguns detentos se reuniam em torno de Acássio, que sempre lhes ministrava conhecimentos oriundos dos livros esclarecedores de Kardec. Vários deles pediam tais livros emprestados, principalmente Dedé, que ia, dia a dia, transformando-se e, de baderneiro que era, passou a uma atitude mais introspectiva, ajudando Acássio na cozinha do presídio.

Leonardo sentia-se traído. "O tiro saiu pela culatra", pois, em vez de seduzir Acássio, fora seduzido pelas palavras amorosas do Evangelho. Amigos leitores, Deus se utiliza de incontáveis maneiras para conduzir ao bem e à verdade todos os Seus filhos.

Embora estivesse apreciando aqueles momentos de leitura e explicações de Acássio, Leonardo não podia se esquecer de que ali estava o causador de sua morte. Não podia se esquecer de que deveria levá-lo à ruína; viciá-lo, a fim de que a droga encurtasse sua vida. *"Tenho de me manter vigilante. Não posso me esquecer de que estou aqui para cobrar uma dívida, com esse... esse..."* – mas não conseguiu nenhum adjetivo para ofender Acássio.

Duas semanas depois, recebeu uma notícia: seu chefe do umbral lhe perguntava como estavam indo seus "trabalhos". Ele ficou apreensivo. Nada conseguira. Romper a barreira vibratória para sugestionar Acássio não estava sendo possível. Então, ele se lembrou de Wellington, um preso que jamais comparecera aos estudos evangélicos dirigidos por Acássio. Era um ateu confesso. Então, teve uma ideia: "Vou procurar o Wellington e sugestioná-lo. Tenho certeza de que conseguirei sintonia com ele, pois é também um viciado. Ele, sim, deverá aliciar Acássio".

Na primeira oportunidade, Leonardo o colocou frente a frente com Acássio e o orientou por pensamento sobre o que deveria fazer.

– Olá, então você é padre aqui? – Wellington perguntou a Acássio.

– Não, amigo. Não sou padre. Sou alguém tentando viver o melhor possível depois de tantos erros. Prazer em conhecer você.

Wellington o olhou com seu olhar ressabiado:

– Não posso dizer o mesmo. Não tenho nenhum prazer em conhecê-lo... – e riu.

– Sinto muito. Em que posso ajudá-lo?

– Acho que sou eu quem irá ajudá-lo – e tirou do bolso um pouco de *crack*.

Leonardo, que ouvia toda conversa:

"Assim não, seu estúpido! Tem de preparar o terreno primeiro. Dessa forma, você assusta o imbecil. Precisa ser mais sutil. Por exemplo, peça-lhe permissão para assistir às suas pregações e daí... com muito tato, oferece-lhe a droga. Simples assim, camarada."

Como se estivesse ouvindo um encarnado, Wellington entendeu o recado. Guardou a droga e lhe disse, com disfarçada humildade:

– Estou brincando. Será que eu poderia comparecer às pregações? Saber não ocupa lugar, né?

– Não mesmo. Todos são bem-vindos. Hoje faremos a reunião no refeitório, logo após o almoço. Consegui permissão para isso. O chefe da cozinha também estará presente, pois aprecia muito os ensinamentos do Espiritismo.

– Falô, cara! Eu também estarei ouvindo-o. *"Mas não vou acreditar na lenga-lenga do seu Evangelho. Só quero lucrar, vendendo o crack superfaturado depois de viciá-lo. Ah... Ah... Ah..."* – pensou o condenado.

Leonardo ficou preocupado e envolveu Wellington:

– Olha aqui, ô Wellington... será que não vai cair na conversa dele e virar a casaca? Seria muito danoso pra você se isso acontecesse. Estarei no seu pé o tempo todo, não se esqueça.

O condenado sentiu-se constrangido sem ao menos entender o porquê, mas, na hora da reunião de estudos, lá estava. Logo às primeiras palavras de Acássio, extraídas do capítulo VI de O Evangelho Segundo o Espiritismo – O CRISTO CONSOLADOR -, arrependeu-se de estar ali. Sentiu que alguma coisa fez com que seu coração batesse mais forte. Pensou em sua infância; na mãe que sempre ia ao seu quarto, à noite, para fazer com ele a oração. E ela sempre lhe falava de Jesus. Depois, ela morreu e nunca mais ninguém orou com ele. Na juventude, iniciou-se nas drogas devido a um processo obsessivo que sofreu e que o levou ao crime.

Leonardo olhou-o e percebeu sua emoção. Também ele não conseguia, na presença de Acássio, ser tão mau quanto pretendia. Sentia-se amolentado sempre que ouvia falar de Jesus. Lembrou-se de que seus pais eram católicos, mas iam à missa aos domingos apenas para cumprir um dever social. Ele sempre ia junto, mas nunca prestara atenção aos bons ensinamentos do padre. Sempre achara que religião era para os fracos.

Wellington compareceu aos estudos doutrinários mais duas vezes, e, em nenhuma dessas ocasiões, teve coragem de tentar aliciar Acássio. Sempre que tentava fazê-lo, uma voz interior o advertia: "*Pense no que está para fazer. O mal sempre volta a quem o pratica. Ninguém pode se ocultar aos olhos de Deus*" – e, assim, afastava-se aborrecido, para desespero de Leonardo.

Um dia, ninguém o viu nos momentos das refeições, tampouco na hora de tomar Sol e na reunião de estudos. Acássio pediu notícias e lhe informaram que ele estava muito doente. Não havia conseguido comprar a droga e sofria sua abstinência. Com pena, pediu permissão para visitá-lo na enfermaria da penitenciária.

– Olá, amigo. Como tem passado? Posso fazer uma prece por você?

Wellington não respondeu; parecia mesmo não tê-lo reconhecido. Estava em um estado de semiconsciência. Ao seu lado, Leonardo tentava chamá-lo de volta à vida, pois precisava dele para o que pretendia.

Acássio fez uma prece em seu favor e retirou-se. Leonardo seguiu junto, tentando uma vez mais entrar em sintonia, a fim de poder influenciá-lo. Mas encontrou sua mente repleta dos ensinamentos recentemente estudados. Repassava a palestra que pretendia fazer aos ouvintes na próxima semana. Dessa forma, nada conseguiu e falou alguns palavrões.

Capítulo 26

Um amor para Acássio

NO NATAL DAQUELE ANO, ACÁSSIO E DEDÉ FORAM contemplados com a saída temporária. Dedé foi visitá-lo em sua casa e levou sua irmã, a doutora Erlene.

– Esta é minha irmã, Acássio. A doutora Erlene. Não é bonita, a danada?

Acássio, ao olhar para a moça, teve um estremecimento. Gaguejou um "prazer em conhecê-la". E sentiu que seu coração queria sair pela boca.

Também a doutora Erlene ficou trêmula: *"Meu Deus! Onde já vi esse rapaz? Agora me lembro: tenho sonhado com ele quase todas as noites."* – E Acássio: *"Santo Cristo! Acho que já vi essa moça em algum lugar. É linda!"*

Dedé, em vendo o olhar inquiridor de ambos:

— Parece que vocês já se conhecem, afinal. Erlene... Erlene... acorde! Um, dois, três, já! — e estalou os dedos à altura dos olhos de Erlene.

Risos.

— Dedé... é que... parece — disse a moça, mas não pôde concluir. Sua alma foi buscar Lorraine da Idade Média. E se perdeu por lá, nos labirintos do tempo — ... bem, eu... na verdade... — mas seu coração constrangeu-se: um moinho destruído... um cavaleiro a enterrar a espada no peito de um jovem apaixonado por ela... Sangue... Dor... Maldições. *"Meu Deus! O que será isso agora? Nunca tive pensamentos dessa natureza..."*

Dedé, brincalhão, uniu as mãos dos dois. O Espírito Átila estava presente e foi ele quem propiciou as recordações. Por mais que o tempo passe, as lembranças continuam vivas em nossa mente espiritual.

— Não precisam explicar. Acho que o cupido, afinal, flechou mais dois corações.

Só então, a doutora Erlene "despertou":

— Dedé, seu moleque! Olha que não lutarei mais pela sua liberdade... Vou deixá-lo mofar lá naquela cadeia... — falou no seu jeito brincalhão e amoroso.

Risos.

Dali a pouco, todos pareciam velhos amigos. A conversa, claro, girou sobre Espiritismo, e Acássio contou a doutora Erlene que estava explicando o Evangelho aos seus companheiros de cela:

– Pode ser que, no momento, eles não se modifiquem, mas será sempre uma semente lançada, não acha?

– Sem dúvida alguma, Acássio. Eu não conheço profundamente o Espiritismo, mas o pouco que conheci fez muita diferença em minha vida. Mas que bom saber que, mesmo na prisão, você está sendo útil à causa do bem.

– Como diz sempre minha irmã Maria Teresa, não há um lugar específico para as boas obras. Em qualquer lugar, podemos ser úteis.

Trocaram ideias durante muito tempo. Dedé estava feliz, pois percebia que ambos se entendiam: *"Melhor cunhado eu não poderia desejar"* – pensava.

– Acássio, você acredita que já vivemos outras vezes? O que pensa sobre a reencarnação? Eu ainda não tenho uma opinião formada a respeito, mas, no íntimo, acho que é a mais perfeita justiça.

Pronto, aquela era a praia de Acássio. Abriu um belo sorriso e disse:

– Doutora Erlene... – ela não deixou que ele continuasse:

– Por favor! Sem tanta formalidade! Pode me chamar simplesmente de Erlene, tá bom?

– Bem... se você não for achar que é intimidade demais...

– Não é. Então, fica combinado: eu sou Erlene, e você, Acássio.

– E eu sou o doutor Dedé. Mas não faço questão do título. Podem me chamar só de Dé... ou Dedé.

– Doutor... tá bom! Pensa que porque cursou até o segundo ano de Direito já é doutor?

– Ora... Detalhes... Ninguém precisa saber.

– Erlene, sobre a reencarnação, acho que não poderia ser diferente. Aliás, há muitos relatos na Bíblia sobre ela. Já houve muitos mais, mas por interesse dos poderosos, porque não lhes traria proveito, tais citações foram sendo eliminadas ou deturpadas.

– É verdade. A história conta-nos que, até meados do século VI, havia muita citação na Bíblia sobre a reencarnação, que era, muitas vezes, confundida com ressurreição, o que não é a mesma coisa. Alguns historiadores afirmam que a igreja forçou a exclusão dos textos sobre a reencarnação dos seus compêndios; da Bíblia, principalmente.

– É mesmo? Isso eu não sabia... Você até que entende bem! Acho que sou eu quem vai aprender com você, Erlene.

– Que nada. Sei muito pouco.

– Então, vá contando "esse pouco".

Dedé, que até ali se mantivera calado:

– Sabe, minha gente. É muita cultura para a minha pobre cabeça. FUI – e saiu fazendo graça.

– Como lhe dizia, num dos concílios, no de Constantinopla, se não me engano, pela exigência do Império Bizantino, a Igreja forçou o Papa, que resolveu abolir tais textos.

– Incrível, não? Como os interesses particulares dos poderosos têm força. Erlene, você está me saindo uma grande historiadora!

– Exagerado! Sei disso porque estudei muito história religiosa.

– Estou curioso, continue. Deverá existir um motivo para o Império ter forçado a barra e feito o Papa se dobrar à sua vontade.

– E houve. Teodora, esposa do famoso Imperador Justiniano, escravocrata preconceituosa, torta na vida, não queria a reencarnação.

Acássio riu:

– Isso é hilário! Como se sua vontade fosse a vontade de Deus! Como se tal verdade pudesse ser mudada por decreto.

– Ela temia retornar ao mundo na pele de uma escrava e, por isso, desencadeou forte pressão para que fosse abolida; retirada da Bíblia. Como se isso fosse mudar as Leis Divinas e universais.

– Mas não conseguiram tirar todas as citações sobre a reencarnação, pois ainda temos a passagem evangélica de Jesus conversando com Nicodemos, na qual Jesus lhe diz que, para ver o reino de Deus, é necessário nascer de novo. Está aí uma clara alusão ao renascimento. Também quando ele fala, referindo-se a João Batista: "Em verdade, digo-vos que Elias já veio e não o reconheceram, antes fizeram com ele o que bem entenderam". Está claro que Jesus sabia que o profeta Elias era o mesmo João Batista reencarnado.

– É verdade. Toda referência não puderam tirar.

– Isso aconteceu em que ano?

– No ano 553 d.C. É o que a história diz – esclareceu Erlene.

– Todo aquele que raciocina; que não tem ideias preconcebidas; que está aberto para a verdade, ainda que tal verdade não seja a **sua** verdade, há de convir que, sem admitir a reencarnação, não se poderia admitir Deus. Pelo menos um Deus justo e imparcial, pois quem, com uma única existência, mereceria habitar o Céu ou o inferno? E as diferenças de sorte? Deus privilegia alguns e é duro com outros? E também não seria justo condenar alguém ao inferno por algum erro que tenha cometido até por ignorância. Deus nos favorece com as reencarnações onde, gradativamente, vamos evoluindo até compreendermos as Suas leis. Não há penas eternas, exceto se eternas forem as vivências anticristãs.

Os dois pararam um pouco e se olharam. Havia lágrimas nos olhos de Erlene. Acássio tomou-lhes as mãos e as beijou.

– Acássio, você acha que nós dois já estivemos envolvidos em existências passadas? Digo isso porque sinto que o conheço... Você desperta em mim algo inusitado. Um paradoxo. Algo doloroso e gratificante. Sinto-me como se, finalmente, tivesse encontrado o que estava procurando há tempos.

As lágrimas represadas nos olhos de Erlene desceram como filetes de luz. Acássio, o jovem vassalo da Idade Média, sem se lembrar de qualquer detalhe, percebeu que aquela que ali estava era a mesma Lorraine, a alma que há tanto tempo amava, ou seja, sentia que a conhecia de há muito. E, sem preâmbulo, tomou-a nos braços:

– Sei que já nos conhecemos de longa data. Deus é misericordioso e, embora não seja merecedor, reencontrei-a. Erlene sorriu. Sem preâmbulo, um beijo selou aquele amor finalmente reencontrado.

Dedé entrou na sala:

– Puxa! As coisas evoluíram por aqui! Erlene... irmãzinha, você não perdeu tempo. E você não dizia sempre que não se casaria? Que não havia encontrado sua alma gêmea?

– Não amole!

– Ocorre que ela acabou de encontrar.

– E eu não estou vendo? Puxa! Finalmente a Erlene vai desencalhar! Obrigado, Acássio.

– Olhe aqui, seu moleque!

O Espírito Átila, que estivera por trás desses acontecimentos, sorriu e se afastou: "*Agora, as coisas caminharão sozinhas. Que Jesus os ilumine*".

Capítulo 27

Consertando os erros

ACÁSSIO JÁ HAVIA CUMPRIDO SEIS ANOS DE RECLUsão. Era querido por todos na penitenciária, onde continuava sendo o orientador espiritual dos colegas. Não se percebia neles grandes mudanças, mas sabemos que a evolução espiritual se mede aos milímetros, e um dia... Por seu bom comportamento, teve uma redução de pena. Mais alguns meses e estaria livre. O romance com Erlene estava indo muito bem e já falavam em casamento. Na verdade, já estavam casados e passavam juntos todas as eventuais saídas da prisão.

E um fato veio alegrar a vida de ambos. Erlene estava grávida. Mal podia esperar para contar a Acássio:

– Acássio... tenho uma novidade, querido.

— O quê? Que novidade?

— Você vai ser papai.

Acássio sentou-se para não cair. Gaguejou. Ficou tremendo. Depois, voltou a si:

— Erlene! Não brinque com coisa séria.

Saindo de detrás de uma coluna, no pátio onde tomavam Sol, surgiu, de repente, Maria Teresa:

— E sabe quem vai ser a madrinha?

— Meu Deus! Maria Teresa, eu não tinha visto você! Então... você... Está combinado, será a madrinha. E João Pedro, o padrinho.

— Acássio, vim lhe trazer meu convite de casamento e também para ver sua cara ao saber que vai ser papai.

Acássio abraçou as duas ao mesmo tempo. Depois, passou as mãos pela barriga de Erlene:

— Meu Deus de infinita misericórdia! Não sou merecedor de tanta felicidade! Erlene, minha querida, daqui pra frente tome muito cuidado. Não se esqueça de que agasalha, no seu ventre, nosso herdeiro. Que Deus a proteja... que proteja nosso bebê, que proteja... todo mundo! — Em seguida, abriu o envelope com o convite de casamento de Maria Teresa:

– Terê... que vocês sejam felizes... tão felizes quanto eu e Erlene. E que me dê logo sobrinhos. Quero ser um ótimo pai e um ótimo tio.

Todos se abraçaram. A felicidade, enfim, se fazia àqueles corações que por tantas provações já haviam passado.

– Sabe o que sua mãe disse ao saber que estou grávida?

– Nem imagino...

– Ela, primeiro, ficou em estado de choque, depois disse: "Ai, meu Deus! Sou muito nova para ser avó".

– Muito nova? A dona Iracema? Tá bom...

Vejamos agora o que aconteceu com Leonardo, Gregório e Dagoberto. Vimos que Leonardo estava tentando obsidiar Acássio e não estava conseguindo por falta de sintonia espiritual. Em contrapartida, ouvia as lições evangélicas e, malgrado sua vontade, ia modificando-se. Até já começava a se lhe despertar certa simpatia para com ele.

Os outros dois recebiam ordens do "chefe" para continuarem o aliciamento de encarnados. Iam às baladas, aos barzinhos, às residências, sugestionando quem estivesse na mesma sintonia vibracional. Às vezes conseguiam, às vezes não.

Wellington, o condenado a quem Leonardo sugestionou para aliciar Acássio, pois que estava encarnado e era viciado em *crack*, também nada conseguiu. A própria aura de Acássio rejeitava qualquer vibração mais grosseira.

O Espírito Átila, protetor daquele grupo de encarnados, ouvia a conversa porque também queria observar a reação de Acássio ao saber que seria pai: "*A Lei Divina é maravilhosa. Acássio, que, por sua irresponsabilidade, tirara a vida de Leonardo, Dagoberto e Gregório, agora seria, juntamente com Erlene (Lorraine), o responsável pela nova encarnação daquelas criaturas*".

Acássio já possuía uma confecção de roupas infantis, que ficara sob os cuidados dos seus pais quando ele foi condenado. Por conta disso, tinha agora um bom ganho, que usaria para reiniciar sua vida.

O tempo passou depressa. Finalmente, com a ajuda da advogada e esposa, saiu da prisão antes do esperado. À sua espera estavam Erlene, já com a barriga bem rotunda, sua irmã Maria Teresa com o marido João Pedro, Dedé, que havia também cumprido sua pena e estava em liberdade, Iracema e Arthur, Neusa e Carlo José, pais de Erlene e Dedé.

Acássio carregava uma pequena mala com seus poucos pertences. Às portas da penitenciária, parou:

"Grato, meu Deus. Sou grato também a esta casa onde tive a oportunidade de me redimir e me educar espiritualmente" – fez ligeira prece e seguiu em direção ao grupo que o esperava:

– Meus queridos... – abraçou e beijou a todos.

Iracema despencou na choradeira.

– Mãe... Este momento é de felicidade. – E passando carinhosamente as mãos pela barriga de Erlene:

– Está sendo muito difícil de carregar? Sabe que quase caí de costas quando soube que seria pai? Vou ter de trabalhar muito, pois não quero que nada falte ao nosso filho.

O reencarnante – que outro não era senão Leonardo – agitou-se no tépido ninho. Dagoberto e Gregório viriam depois de alguns anos. Todavia, poderiam desistir a qualquer momento. Somente o futuro diria.

– Sinto que, somente com muito amor e dedicação, os Espíritos encaminhados por Deus até nós conseguirão se modificar para o bem – disse a futura mãe.

– Não tenho a menor dúvida sobre isso, querida. A saúde dele está boa? O que diz o médico?

– Está tudo bem. Ele é saudável. Chuta bastante e incomoda só um pouquinho.

– Chuta muito? Então, vai ser jogador de futebol.

Risos.

A felicidade deixou os "risômetros" escancarados.

– Qual jogador qual nada! Outro dia, sonhei que ele seria médico.

– Uau! Estaremos bem servidos!

– E você, Maria Teresa? Já falou com a cegonha?

– Calma lá. Agora tenho de esperar um pouco. Preciso ajudar a Erlene a cuidar do bebê. Pensa que é fácil ser marinheira de primeira viagem?

Erlene abraçou a cunhada:

– Só você, Terê, para pensar primeiro nos outros.

Maria Teresa ainda não sabia, mas, muito em breve, um ano no máximo, receberia o Espírito Syman como seu primeiro filho. Mais dois anos e receberia Saray. O Espírito Urbino já estava reencarnado e com três anos. Era um sobrinho de Iracema, filho de sua irmã caçula. Estava previsto pela Espiritualidade que seria novamente o esposo de Saray.

Syman, segundo decisão dele mesmo, quis pertencer à família de Acássio, para, de alguma forma, tentar remediar o mal que um dia lhe fizera, tirando-lhe a vida. Ao mesmo tempo renunciaria, pelo menos naquela existência, ao amor antigo (Lorraine), quando fora o cavaleiro Syman. Assim, esperava-se romper o círculo de ódio.

Epílogo

O retorno do passado

UMA NOITE, ACÁSSIO TEVE, COM A AJUDA DE ÁTILA, o nobre Espírito, a recordação daquela existência remota onde ele fora o vassalo Olivier, e Erlene, a sedutora Lorraine. Durante o repouso físico, foram levados ao local onde se desenrolara a tragédia de então, aquela que os marcou indelevelmente.

A Lua prateada se refletia nas águas do rio como se fosse uma dama coquete admirando a própria beleza. Acássio e Erlene, abraçados, viam, como cenas de um filme, o que havia dado início às duras provas pelas quais haviam passado.

O suserano, Conde Édouard, acompanhado do cavaleiro Syman, invadiam a casa do servo Olivier. Um moinho fora descoberto e destruído, pois que era terminantemente proibida, para os vassalos, a construção de moinhos, devendo eles usar, mediante pagamento, o moinho do suserano.

Um corpo varado por uma espada. Um grito. Sangue. Maldições...

Acássio e a esposa estavam petrificados.

— Meu Deus, agora tudo faz sentido. Dizem-me que fui Olivier e você...

— Eu fui a inconsequente Lorraine. Como pude ficar indiferente diante de tamanha sandice? E... Espere... Ainda me casei com seu assassino?! Que Deus me perdoe.

— Não se culpe tanto, minha querida. Naquela época, todos éramos Espíritos insipientes. As reencarnações têm-nos sido de grande valia. Hoje já não faríamos isso, embora tenhamos ainda muito a resgatar... Embora seja longo o caminho a percorrer até atingirmos a qualidade de Espíritos purificados. Ontem fomos amebas rastejantes, mas hoje já conseguimos sair do charco e avançar para o Alto.

— Concordo com você. Ontem fomos trevas. Hoje caminhamos para a Luz.

— Grande é a bondade do Pai Eterno, pois que nos favorece com a oportunidade de voltar e consertar os erros; de aprender a não mais errar...

Átila induzia-os às recordações e ao arrependimento. Depois, aplicou recursos magnéticos em Erlene a fim de que ela se esquecesse daquelas cenas. Não seria bom, no seu estado gestacional, lembrar-se de um fato tão horrível quanto aquele.

"*Amigos... só voltamos ao passado para colher lições; para não mais repetir erros no presente e no futuro. Não fique, Acássio, repisando essas lembranças, pois pensar no mal é também prejudicial*" – recomendou o bondoso Espírito.

Acássio e Erlene choravam. Compreenderam que a justiça de Deus se faz sempre; que impossível é fugir dela, mas que o Pai Criador faz justiça com bondade. Perdoa, no sentido de favorecer novas oportunidades, mas não exime os culpados da reparação necessária para a educação espiritual.

Acássio acordou. Estava ainda assustado com as cenas trazidas do passado distante, lembranças que, para seu próprio bem, seriam esquecidas dentro de poucos segundos. Acariciou o ventre volumoso de Erlene. Sentiu, emocionado, a vida que ali palpitava.

Uma lágrima indiscreta desceu, cintilando.

Livros da mesma autora

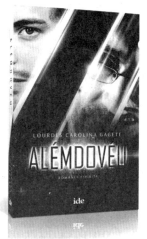

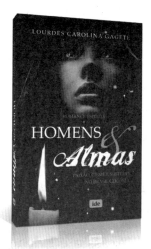

Além do Véu
Lourdes Carolina Gagete

Homens e Almas
Lourdes Carolina Gagete

Clara não compreendia o porquê dos terríveis momentos pelos quais estava passando. Seus sentimentos tornavam-se confusos, e ela via todos os seus planos desmoronarem-se bem diante de seus olhos. O medo, a repulsa, a lembrança e a dor da violência sofrida, através das mãos de um homem descontrolado, tomaram lugar em seu coração, ao mesmo tempo em que sentia seu casamento ruir, sem que nada pudesse fazer. Seria o acaso o causador de tudo? Existiria propósito para os sofrimentos da vida? Por que existe o mal?...

A mediunidade é inerente ao Espírito encarnado desde os primórdios das civilizações. Com base nesse tema, num desenrolar leve e ao mesmo tempo arrebatador e envolvente, a renomada autora nos oferece mais um romance, desta feita, vivenciado nos tempos do Brasil Colônia. Época em que as incontáveis superstições, as crendices e as arrepiantes e fantásticas narrativas ao anoitecer acabavam por se confundir com os verdadeiros casos de aparições, materializações e outras tantas modalidades de fenômenos mediúnicos. O amor quase impossível de Maria Pia, dividida entre Santiago e Tomaz, o segredo das índias Noêmia e Jandira, a doença de um menino... a morte pela ganância do ouro, a vida dura e sofrida dos tropeiros, a vidência de Ângelo... acupidez de Tenório, as aparições de Espíritos perturbadores e o auxílio dos Espíritos do Bem...

ISBN: 978-85-7341-627-5 | *Romance*
Páginas: 256 | **Formato:** 14 x 21 cm

ISBN: 978-85-7341-599-5 | *Romance*
Páginas: 320 | **Formato:** 14 x 21 cm

LIVROS DA MESMA AUTORA

Quando Renunciar é Preciso
Lourdes Carolina Gagete

Precioso romance que, já no seu início, nos revela como se dá o processo de inspiração da autora que, magistralmente, desfila diversos personagens, comprometidos por erros de passada encarnação.

A viagem da adolescente Thereza, para cuidar de sua tia Janice, viúva e alcoólatra, a expulsão de Luzia, por sua infidelidade para com seu marido Severino, o misterioso porão, habitado por Espíritos infelizes, o auxílio da guerreira, iluminada entidade protetora, e o reencontro destes, e de outras marcantes figuras, são apenas alguns dos pontos mais emocionantes desta envolvente trama...

ISBN: 978-85-7341-567-4 | *Romance*
Páginas: 448 | **Formato:** 14 x 21 cm

Flores Púrpuras da Redenção
Lourdes Carolina Gagete

Diante da necessidade de aprendizado e reparação de erros cometidos em anterior existência, duas almas, ainda na colônia espiritual que os acolhera, se preparam, deliberadamente, para uma nova existência.

E na vivência dos compromissos assumidos, encontramos Alejandro, Espírito mais sensível, que compreende com serenidade os enfrentamentos diários. Já Carina, por seu temperamento mais forte, sente dificuldade de compreensão e questiona a Providência Divina.

O início desta união, apenas estaria intensificando os laços reparadores para ambos, comprometidos com as chagas de um passado, fazendo brotar tempos depois, quais flores púrpuras, as marcas da hanseníase, a lhes obstruir seus sonhos presentes.

ISBN: 978-85-7341-488-2 | *Romance*
Páginas: 320 | **Formato:** 14 x 21 cm

No ano de 1963, Francisco Cândido Xavier ofereceu, a um grupo de voluntários, o entusiasmo e a tarefa de fundarem um Anuário Espírita. Nascia, então, o Instituto de Difusão Espírita - IDE, cujo nome e sigla foram também sugeridos por ele.

A partir daí, muitos títulos foram sendo editados, e o Instituto de Difusão Espírita, entidade assistencial sem fins lucrativos, mantém-se fiel à sua finalidade de divulgar a Doutrina Espírita através da IDE Editora, tendo como foco principal as Obras Básicas da Codificação, sempre a preços populares, além dos seus mais de 300 títulos em português e espanhol, muitos psicografados por Chico Xavier.

O Instituto de Difusão Espírita conta também com outras frentes de trabalho, voltadas à assistência e promoção social, como albergue noturno, acolhimento de migrantes, itinerantes, pessoas em situação de rua, acolhimento e fortalecimento de vínculos para mães e crianças, oficinas de gestantes, confecção de enxovais para recém-nascidos, fraldas descartáveis infantis e geriátricas, assistência à saúde e auxílio com cestas básicas, leite em pó, leite longa vida, para as famílias em situação de vulnerabilidade social, além dos trabalhos de evangelização infantil, mocidade espírita, artes (teatro, música, dança, artes plásticas e literatura), cursos doutrinários e passes.

Este e outros livros da **IDE Editora** subsidiam a manutenção do baixíssimo preço das **Obras Básicas, de Allan Kardec**, mais notadamente, "O Evangelho Segundo o Espiritismo", edição econômica.

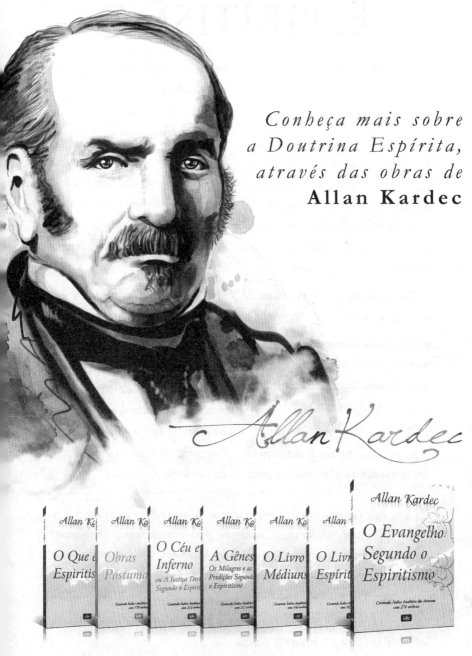

Fundamentos do Espiritismo

1º Existência de Deus.

2º Demonstração da sobrevivência e da imortalidade do Espírito.

3º O princípio da reencarnação, quer dizer, um determinado número de existências, através de vários nascimentos, como uma ferramenta de trabalho, porém, sempre o mesmo Espírito, como único meio de alcançar a evolução e o aperfeiçoamento.

4º Que cada um de nós é o autor de seu próprio destino.

5º Que todos somos irmãos, em espírito e origem, porém em diferentes graus de evolução e conhecimento, de acordo com o progresso espiritual de cada um.

6º Admite a existência de outros mundos habitados, inumeráveis em quantidade e graus de progresso, e que serão, também, nossa morada um dia, quando tivermos avançado no caminho do progresso moral.

7º Promove a caridade, a fraternidade e a solidariedade, como os meios seguros de alcançar a felicidade real, seguindo um dos ensinamentos de Jesus que diz que "somente pelo amor o homem se salvará".

8º Que o verdadeiro espírita é simplesmente e principalmente conhecido por sua transformação moral.

9º O Espiritismo é Filosofia, Ciência e Religião, pois, além de ser uma filosofia disciplinada, racional, e de experiência científica, possui a garantia moral do Evangelho de Jesus, a caminho do verdadeiro objetivo da vida.

Lógica e plena de critérios em seus princípios é a doutrina que responde à necessidade da mente moderna, pois através de seus ensinamentos, facilmente compreensíveis, atende plenamente a todos, sem imposições dogmáticas, mas, sim, com ideias raciocinadas, claras e esclarecedoras.

Para conhecer mais sobre a Doutrina Espírita, leia as Obras Básicas, de Allan Kardec: O Livro dos Espíritos, O Evangelho Segundo o Espiritismo, O Livro dos Médiuns, O Céu e o Inferno e A Gênese.

BAIXE GRATUITAMENTE O LIVRETO COMPLETO DO
ROTEIRO PARA EVANGELHO NO LAR

ideeditora.com.br

ideeditora.com.br

Acesse e cadastre-se para receber
informações sobre nossos lançamentos.

twitter.com/ideeditora
facebook.com/ide.editora
editorial@ideeditora.com.br

ide

IDE Editora é apenas um nome fantasia utilizado pelo INSTITUTO DE DIFUSÃO ESPÍRITA, entidade sem fins lucrativos, que promove extenso programa de assistência social, e que detém os direitos autorais desta obra.